★VIETNAM UNDERGROUND GUIDEBOOK★

ベトナム裏の歩き方

高田 胤臣

彩図社

はじめに

東南アジアを最も体感できるところはベトナムしかないのではないか。

東南アジアというと近年はタイよくが注目されるが大きく発展を続けていて、昔ながらのハッとさせられる出来事がずいぶんと減ってしまった。この辺りに住む人にはいいことだとは思うが、日本からわざわざ海を飛び越えてくる身としては、そんなのは味気ない。

ベトナムは同じように発展しているものの、ベトナム人気質は昔のまま。物価も10年くらい前と比較してみるとそれほど変化がない。街を歩くだけでいまだにそこら中に「おもしろい」が転がっている。

ボク自身が東南アジアやその周辺の国をいくつか周ってみて得た持論がひとつある。それは、

「ビールとオンナは地元がいい」

である。日本では日本のビールと日本人女性が、ベトナムではベトナム・ビールとベトナム人女性がおいしくて美しい。陸続きであっても、ベトナム美人がラオスに入れば、ラオス美人には勝てない。

同時に、ビールがマズい国は大概食事にも期待できない。治安がどんなに悪かろうが、食べものさえおいしければ、案外、また行ってみてもいいかなと思うもの。その点ではベトナムは東南アジアで最も優れていると思う。なにより、なにもかもが安いのはありがたい話だ。

ボクは基本的にはハノイ派である。ベトナムは他国と違い、例えば日本語ガイドブックを開くと、南

部の大都市ホーチミンの方が先に紹介されている。首都ハノイは後回しにされてしまうのだ。しかし、ホーチミンは都会ゆえにシンガポールやタイのバンコクのような雰囲気を持っていて、ボクはあまり好きではない。ハノイの方がよりベトナムらしいベトナムがある。

だからいつもベトナム訪問はボクにとってはハノイへの旅でもあった。しかし、今回、本書をまとめるにあたり偏っていてはいけないと、改めて南部やめったに行かない中部にも足を運んだ。正直言えば、ハノイの補強程度のつもりだった。ところが、いざじっくりと向き合ってみればホーチミンにはホーチミンの豊かな表情があったし、中部――特にダナンにはハノイやホーチミンにない安らげる空気があった。ダナンのことをより深く知ったならば、ボクはきっとダナン好きに転向してしまうかもしれない。

これはつまり、ベトナムにはまだ秘めたる魅力があるということでもある。本書ではそんなベトナムの姿を、普通のガイドブックとは違った視点から斜に構えて紹介するものだ。

まずは掴みとして、男性諸氏が最も興味を持つベトナムの夜のネタを取り揃えた。次の章ではベトナムの本領である、ベトナムB級スポットを紹介していく。それから、外せないベトナムのグルメ情報。ガイドブックにあるような店から、ローカルな店などに足を運んでみた。あとはボクが体験したベトナム人との出来事や、年に数回通うことを何年も続けてきた中でわかった役立つ話の全5章でまとめた。

ボクが見たこと、体験したことは、ベトナムのほんの一部でしかない。本書を読んで、ボクがベトナムからもらった「なにか」を一緒に感じ取っていただき、いつかみなさんが実際にベトナムで自分だけの「なにか」を得てもらえたらと幸いだ。それではベトナムの裏歩きに、早速出発しましょう。

各地の概要と主要エリアをチェック

ベトナムの歩き方の基本★

本書ではベトナムを「北部」「南部」「中部」の3つの地域にわけ、それぞれの主要都市を中心に見どころを紹介している。各地域の代表的な都市である、ハノイ、ホーチミン、ダナンの基本情報をここで押さえておこう。

■北部　ハノイの基本情報

●概要

ハノイはベトナム社会主義共和国の首都で、ベトナム国土の北部に属する。ハノイと港町のハイフォンは中央直轄市で、紅河デルタ9省、東北部11省、西北4省が大まかに北部になる。ハノイの人口は約800万人。首都でありながらホーチミンに次ぐ都市になる（ホーチミンはおよそ850万人）。観光客が多く訪れるのは旧市街、ホアンキエム湖の周辺になる。ここにすべてが揃っていると言っても過言ではないので、企業の出張者でなければ、ハノイ観光や滞在は旧市街だけでも十分。物価も安いし、治安の面でもまったく心配する必要はない。

北部は年間で見ると寒暖差が大きい。暑い時期は30℃を超え、寒い時期は15℃以下にまで冷え込むので注意が必要。12月から3月ごろまでは冬であると言える。

●ハノイ市内の主要エリア

ハノイ市内で旅行者に強く関わってくるのはホアンキエム区。ホアンキエム湖周辺のエリアで、いわゆる旧市街と呼ばれる。安宿から高級ホテル、飲食店、土産物店などすべてがここに集約されている。

旧市街中心は「ドンスアン市場」という服飾のマーケットが地元民で賑わう。旧市街のマーマイ通りあるいはターヒエン通り周辺はバーなどが多数あり、バックパッカーやベトナムの若者が集まる。鍋や焼肉など夕食もここで楽しめる。ビアホイ（路上の生ビール）は安い店で5000ドン、普通の

■ベトナム全図

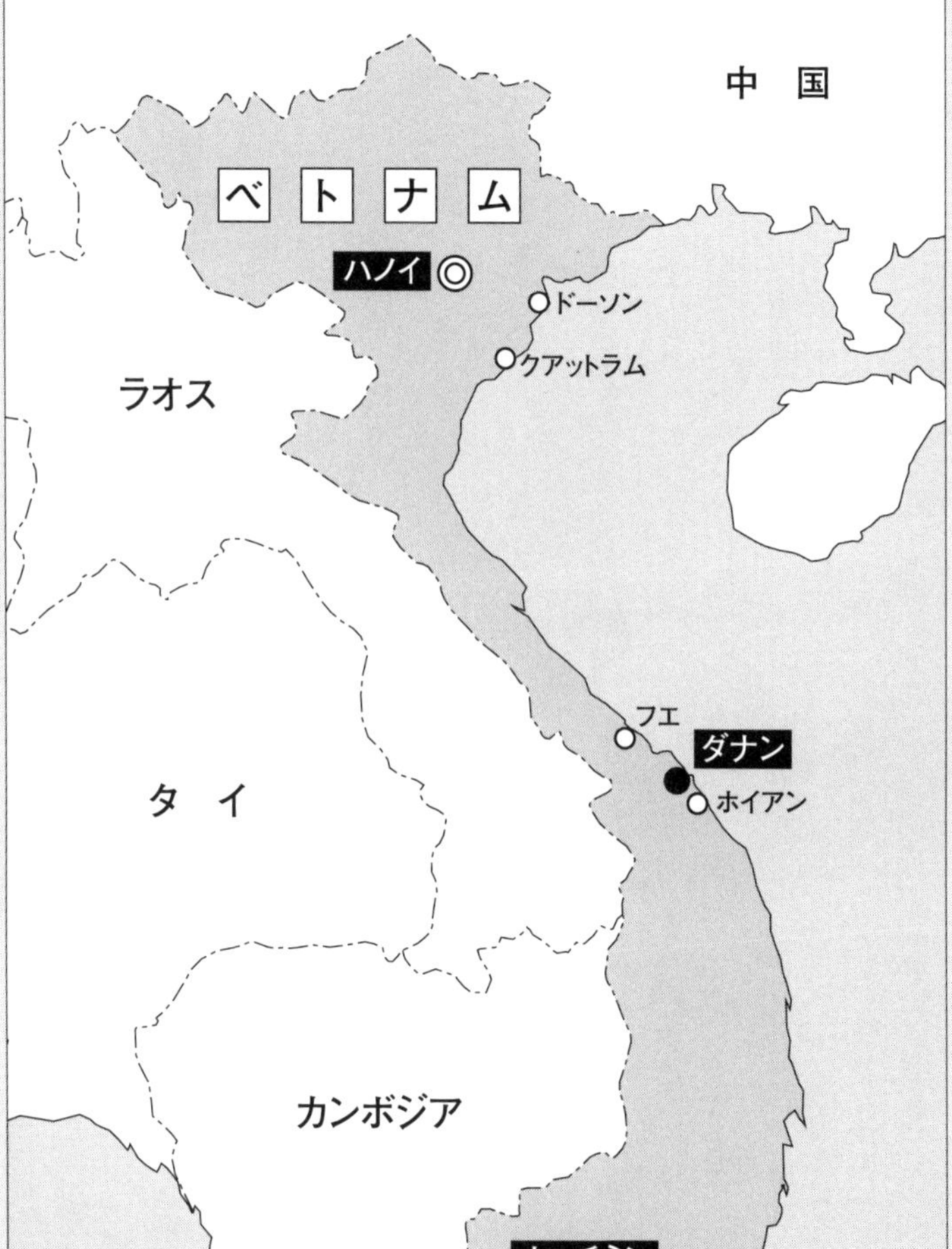
中　国
ベ ト ナ ム
ハノイ
ドーソン
クアットラム
ラオス
フエ
ダナン
ホイアン
タ　イ
カンボジア
ホーチミン
カントー
ブンタウ
0
300 Km

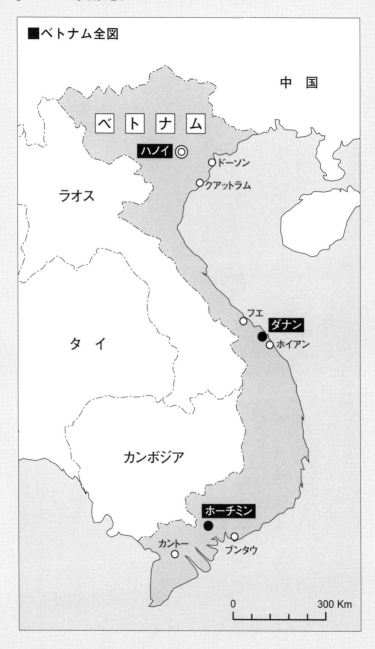

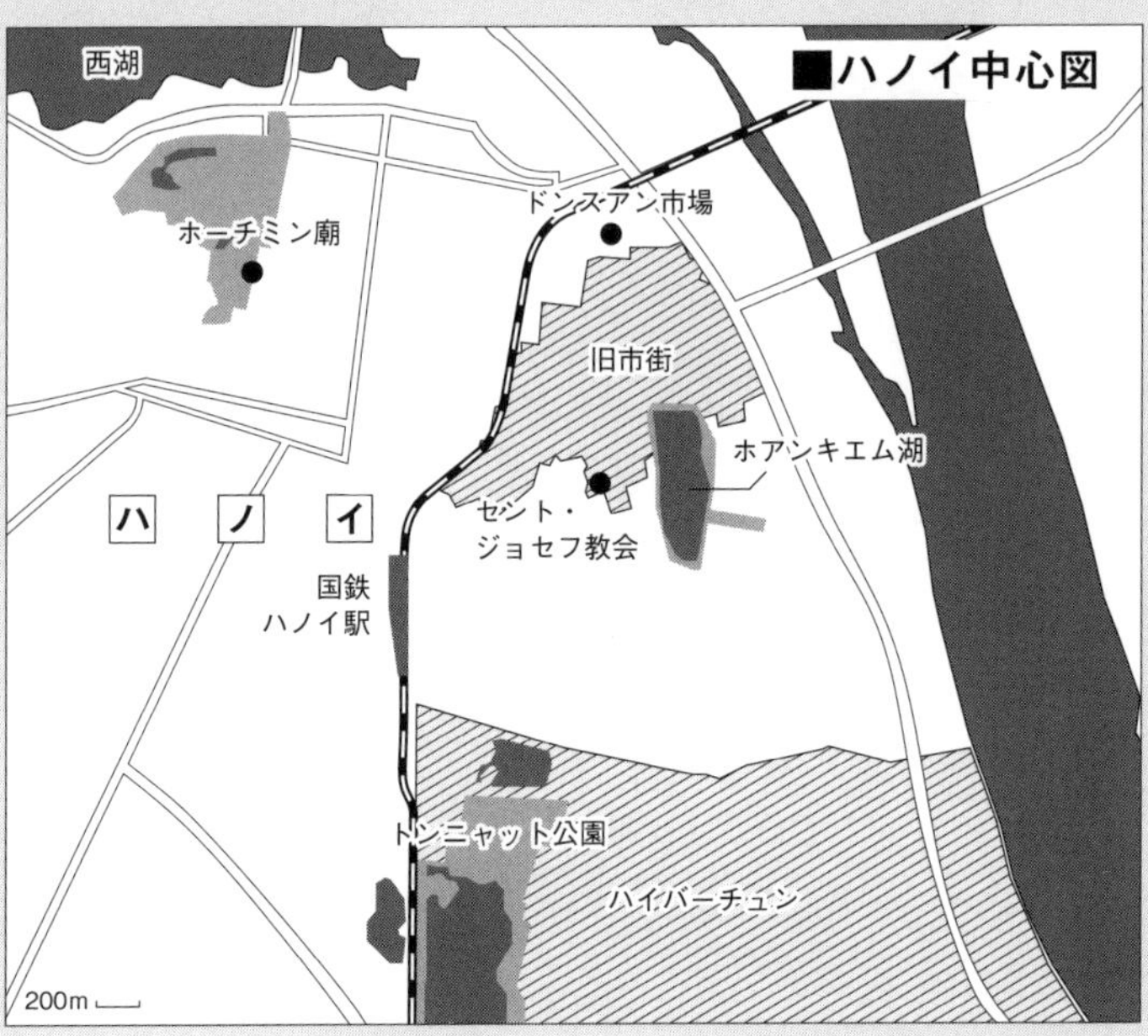

店で7000ドン、高い店で1万ドンになる。平日はバーやレストランの営業時間は深夜0時くらいまでだが、金土日の夜は深夜2時までの営業が法的に認められているようだ。「ハノイ大教会（セント・ジョセフ教会）」周辺も旧市街の一部であり、安宿や飲食店が多い。牛肉のフォーで有名な「フォー10」もある。

「トンニャット公園」の東側、ハイバーチュン・エリアは日本料理店や日本人向けカラオケラウンジがあり、在住者や日系企業駐在員、出張者、旅行者が遊ぶ。ただし、基本的には連れ出しはできないので、健全に楽しもう。

「国鉄ハノイ駅」周辺も高級ホテルや飲食店が多い。特に「クアンアンゴン」というレストランは屋台風の演出で、ベトナム料理全般を味わうことができる。

西湖の南東側近辺などハノイ駅から西側は「ホーチミン廟」や「タンロン遺跡」など多数の博物館や見所があり、観光の王道ならこの近辺がいい。

キムマー通りは日本大使館があり、日系企業の在住日本人が多いことから、和食店が多数あるが、旅行者にはあまり関係ないところかもしれない。

■南部　ホーチミンの基本情報

●概要

ベトナム南部は国の中央直轄の市であるホーチミン市がある東南部7省と、中央直轄市カントーを含むメコンデルタ7省で構成されている。ホーチミンは貿易港が大きく設備がしっかりしているため、ハノイよりも商業的に発展している。外資系のファストフードや商業施設がベトナムで展開する際は首都ハノイよりもホーチミンで先に出店する傾向が強い。

ホーチミンも治安はよく、よほど危険なところにいかない限り、肉体的な危害を加えられる確率は低い。しかし、スリや置き引きなどの小さな被害はあとを絶たないので注意だ。

特にホーチミンは都会であることから麻薬や賭博などの誘惑が多い。日本と比較すればかなり安く、容易に楽しめるが、リスクが伴うことを忘れてはいけない。

●ホーチミン市内の主要エリア

ホーチミン市は内部が区で分かれている。場所によっては

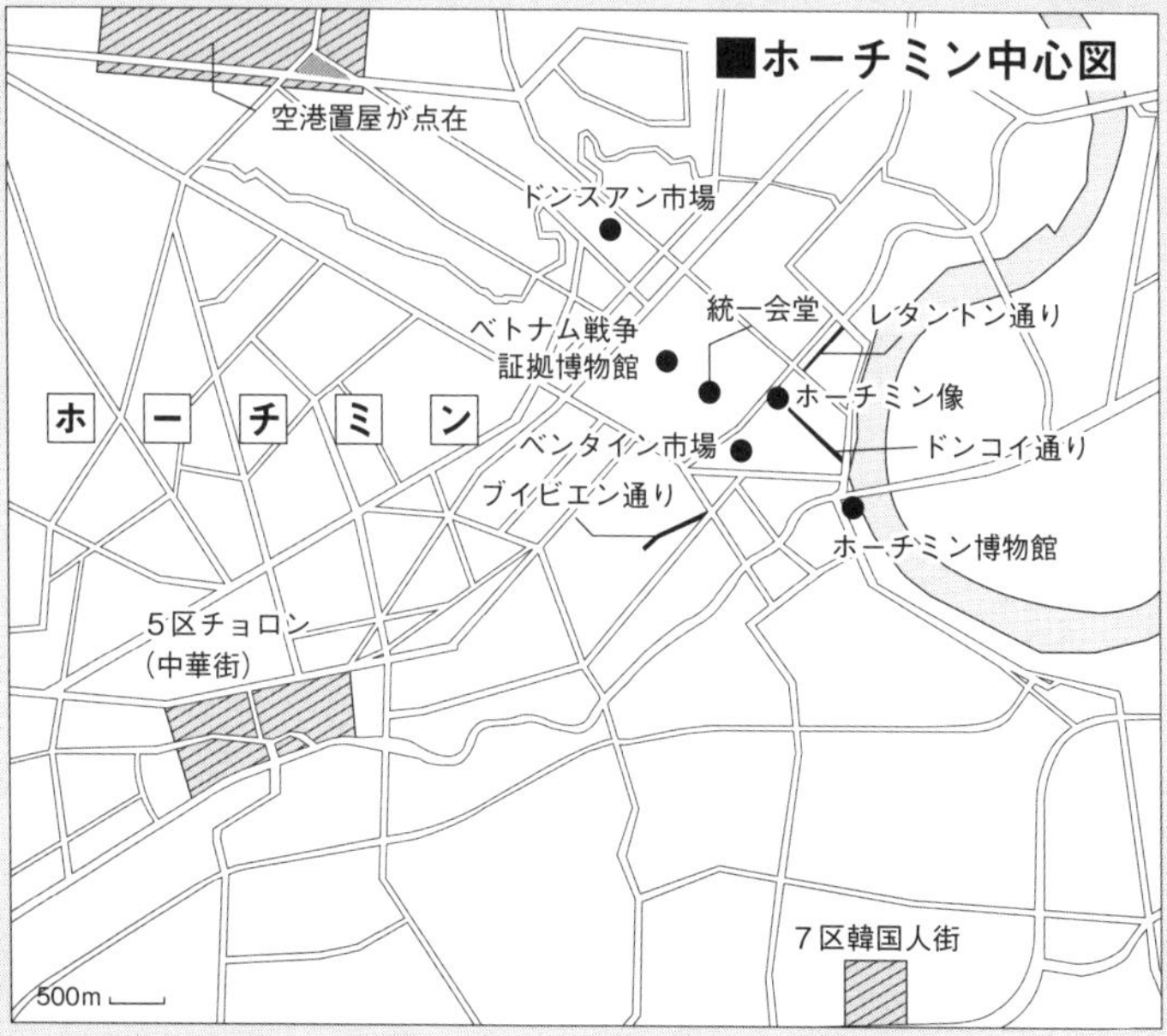

外国人にはまったく用のないところもある。

　代表的なのは1区で、安宿街のブイビエン、日本人街のレタントン、「高島屋」、「ベンタイン市場」、ベトナム戦争が終結した「統一会堂」などがある。2019年ごろに地下鉄駅もできる予定（2017年時点）だ。

　3区は日本領事館がある。「ベトナム戦争証跡博物館」もここ。治安が悪いとされるが、下町感覚で屋台などを楽しめるのが4区。旅慣れた人なら同じく8区もおもしろいだろう。

　5区にはチョロンと呼ばれる中華街がある。一見街並みはほかと変わらないが、歴史ある見どころや中華料理が楽しめる。かつてはチョロンの「ビンタイ市場」が有名だったが、取材時点では改装中。中華街は隣の6区にも続いている。

　韓国人街として知られる区画があるのが7区。韓国料理店などがあるが、日本人に人気なのはマッサージ店。スペシャルなサービスが比較的安価で利用できる。

　タンソンニャット国際空港はタンビン区にある。空港の利用はもちろんだが、ベトナム人向けの置屋があることで有名。空港の南側にある大通り（三角形の公園がある周辺だとか？）の住宅街の中にある。

■中部　ダナンの基本情報

●概要

　ベトナム中部もまた見所の多い地域だが、実質的にはダナン、フエ、ホイアンの3都市が観光の中心になる。

　ダナンはクアンナム省から分離された中央直轄市で、飲食店などが多い市街地と、ハン川を隔てた海側の地域に分かれている。海側の地域にあるダナン港はホーチミンやハイフォンの港に並ぶベトナムの主要港。ダナンからラオスとタイを経由してミャンマーまで続く「東西経済回廊」の開発も進む。

　フエはベトナム有数の古都で、昔の宮殿などがユネスコの世界文化遺産にも登録されている。ダナンから北方およそ100キロに位置し、人口はおよそ36万人。仏教徒弾圧に抗議するため焼身自殺をした僧侶がいた寺院もフエにある。

　ホイアンはダナンから南におよそ25キロに位置する都市で、人口は12万人程度。古い町並みで知られ、ここもまたユネスコの世界文化遺産に登録されている。17世紀には日本人町があったとされるが、正確な場所はわかっていない。

●ダナン市内の主要エリア

ダナンはハン川で東西に分かれているようなもので、西側が市街地、東側がビーチのあるエリアになる。

ビーチロードのグエンザップ通りは北の方にローカル向けのシーフード料理店があり、南のミーケビーチ近辺には日本人常駐の和食店「一寸法師2」などがある。ファンヴァンドム通りには値段的に手頃な宿が多く、観光客に人気だ。

市街地はドラゴンブリッジ近辺ならバクダン通りにバーが何軒かあり、その裏手に当たるチャンフー通り近辺も飲食店がある。ドラゴンブリッジ直通の大通りグエンヴァンリン通りをそのまま空港方面に向かうとその周辺はカフェやローカル向けの焼肉店などが数多く見られる。

国鉄駅とノボテルの間くらいにあるグエンチータン通り近辺は日本人向けのサービスが充実していて、和食店のほか、日本人向けのカラオケスナックなども散見された。日本語の通じる店で飲み食いをしたければ、この辺りに来るといい。

以上、駆け足で紹介したがこれがベトナム主要地域の概要になる。あとは実際に現地を歩いて補完していただきたい。

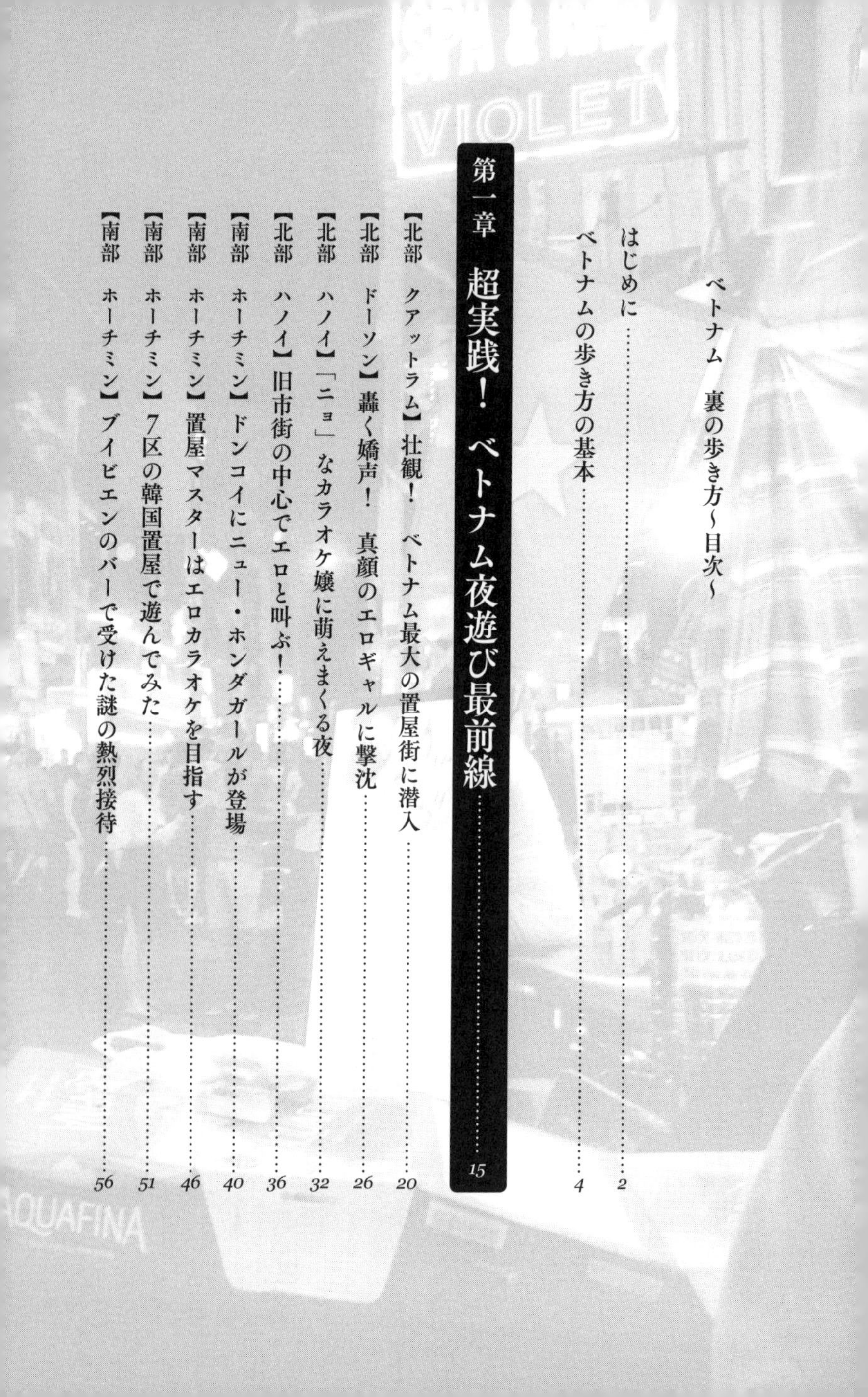

ベトナム　裏の歩き方〜目次〜

第三章　ベトナム食い倒れグルメガイド

第四章 ベトナム人マジカル生態見学ツアー

第五章　旅のお役立ち情報

※本書の内容は2018年5月までの取材で得た情報を元にしております。
その後の情勢によって内容に変化が生じる可能性がありますことをご了承ください。

【第一章】

超実践！ベトナム夜遊び最前線

詳しい地図はこちら！

http://bit.ly/2wDuVfj

ホットな出会いは北部にアリ!?

初心者のための夜遊び講座 ★

ベトナムの夜遊びは、特に性的なサービスを求める場合、東南アジアの中でもとりわけハードルが高い。社会主義国であるため規制が厳しく、店もカモフラージュしており、見た目がわかりにくいのだ。たとえ運よく行きついたとしても、外国人だと追い返されることも多い。しかし、ポイントを押さえておけば初心者でも遊ぶことはできる。

●外国人にも優しい街「ハノイ」

結論から言うと、ベトナムの素敵な女性を求めるなら、南部より北部だ。一般的にはホーチミンを中心にした南部の方がオープンだと考えられているが、意外と情報が少なく、ベトナム語ができないとほとんどなにもできない。店に着いても女の子がそこにいるにも関わらず「そんなサービスありませんから!」と断られてしまう。一方、北部にはそういった店が密集するわかりやすいエリアがある。そうした場所ならば外国人でも受け入れてもらいやすいのだ。

ハノイなら、置屋を中心に遊びたいところだ。中心部からバイクで行ける置屋街もあるし、長距離バスで2、3時間かけていく海辺の置屋街もある。

相場は取材時点で20万ドン前後、米ドルでは10ドル程度となる。色白で若い女の子が多く、コストパフォーマンスはかなりいい。日本の秋田美人のように、ベトナムも北部が美人の産地とも言われるので、自然と北部の遊び場は美人が多くなる。スポットとしてはドーソンかクアットラム（5ページの地図参照）を目指す。タイミングにもよるが女の子は常に多く在籍し、ボッタクリもまずないので安心して遊べる。

ハノイの街中には無数にマッサージ店があるが、ほとんどがマジメなスポットになる。店員の服装がセクシーだったり、ネオンがバリバリの場合は逆にスペシャルなサービスは行われない傾向にある。だが、中にはモグリもある。それは本文にて場所を確認していただきたい。

ハノイの夜遊びならほかには日本人向けのカラオケや、旧市街のバーなどがある。カラオケは連れ出しは難しい

初心者でも遊びやすい北部のクアットラム。海沿いに置屋が並ぶ

が、口説くことができれば、いい思いができるかもしれない。旧市街は今ベトナムの若い人の遊び場にもなっている。臆せずナンパができるような人ならかなり楽しめるはずだ。

ベトナムのオリジナルな雰囲気がないので取材しなかったが、高級ホテルのラウンジは女性を連れ帰ることができるとされる。ただ、日本円でも何万円か払う必要があるので、「裏の歩き方」が好きな人にはあまり向かない遊び方だろう。

●エロ不毛地帯の中部、上級者向けの南部

中部はダナンやフエに飲み屋街があるのだが、露骨に春を売る女性は見かけない。どちらかと言えばバーなどでまったりと飲み、チャンスがあれば地元の人をナンパするというのが主流になるだろう。本書の取材で置屋街があるなどと噂された場所などを回ってみたが、残念ながら目ぼしい成果は得られなかった。

もしなんらかのサービスを求めるならば、小さなホテルのＶＩＰマッサージサービスを探そう。１５０万ドンとハノイの置屋相場からはかなりかけ離れた高さになるが、ハマる人はハマる魅力がある。

南部、特にホーチミンは辿り着けるかどうかは別として、遊び場のバリエーションは豊かではある。置屋、マッサージ、バー、カラオケ、立ちんぼといろいろな種類があるのだ。本文では取り上げなかったが、ホーチミン市内にはストッキングバーなるものもあって、チップを渡すと女の子が穿いているストッキングを破けるという、他国でもなかなか見かけないサービスをするバーもあるようだ。

ローカルな置屋もあるが、旅行者が行き着くのは非常に困難。探索に不毛な時間を割くぐらいなら、7区の韓国人街に向かおう。ここならホテルやマッサージ店を装った置屋が点在し、わかりやすくみつけることができる。相場は130万ドン前後で、チップも不要なので遊びやすい。

ホーチミンの銀座とも呼ばれるドンコイ通り近辺はかつてバイクで春を売りまくっていたホンダガールたちが姿を変え、立ちんぼとして客を待っている。ただ歩いているだけではみつけられないので、夜、ドンコイを物欲しそうな顔で歩いてみよう。誰か（要するにポン引き）が話しかけてきてくれ、しかるべき場所に連れて行ってくれるだろう。相場は70〜100ドルになる。

ホーチミンは日本人向けの店も多い。レタントンという通りに行けば、日本人向けのカラオケやスナック、バーが建ち並ぶ。マッサージ店もあって、中には特別料金でスケベなサービスをしてくれることもある。

安宿街のブイビエンまで行けばバーもあるし、怪しいポン引きもいるしで、なにかとおもしろい雰囲気を感じることができる。ベトナムは治安がよく、ボッタクリなどはあるにしても、命の危険を感じるようなことはないので、ズンズン突き進んで遊べるのは旅行者にもありがたいことだ。

●夜の世界にも押し寄せるIT化の波

近年はベトナムでもIT化が進んでおり、出会い系サイトが人気になっている。男性と知り合いたい女性たち（限りなくプロに近い人たちだが）が登録しており、直接やり取りして待ち合わせをするのだ。英語で「ベトナム　マッチング」などと検索すれば、そういったサイトが容易に見つかる。

また、SNSアプリも同じように活用される。特にベトナムでは中国の「ウィーチャット」が人気で、ハノイ、ホーチミン、ダナンなど、どこでも男女が知り合うことがで

ベトナムは美人の宝庫。旅行者でもお近づきになるチャンスはある!?

き、コツさえ掴めば、最後まで楽しめるようになっている。

一応気をつけたいのは、ベトナムは夜10時以降は未婚の男女が同じ部屋にいることを禁じる法律があることだ。めったに摘発されることはないようだが、ときどき警察が踏み込んでくることもあるそうなので、その点は自己責任で対処すること。

とにかく、ベトナムはバーなどのほかに夜遊びをする場所はなかなかみつけにくい。そんな中ではアプリなどで手っ取り早く知り合いを作れるのは便利。ベトナム到着前に仕込むことだって可能だ。

SNSが苦手であれば、バーや飲食店、街中で誰かに声をかけて友だちを作ってみてもいい。ベトナム人は日本人同様、あまり英語が得意ではない。が、気質が優しいためか、話しかけても嫌な顔せず、対応してくれる人が多い。だから、バンバン話しかけてみてほしい。

この章では、初心者でも楽しめるスポットを中心に紹介している。エリアはハノイを中心とした北部、そしてホーチミンを中心とした南部だ。ちょっと踏み出せば誰でも行けるものなので、現地で挑戦してもらえたら幸いだ。

【北部　クアットラム】
壮観！ベトナム最大の置屋街に潜入

ベトナム南部の大都市ホーチミンは商業の街で、性風俗なども多いというイメージがある。一方、首都のハノイは政府のおひざ元。だから、いろいろなことが規制され、風俗に関してもモグリの営業ばかりという印象がある。

ところが、ベトナム初心者の外国人が女遊びをしようと思ったら、実はホーチミンの方が困難で、ハノイの方が簡単だ。旧市街から数キロほど北に向かうと置屋街があるし、26ページのドーソンもベトナムが初めての人でも辿り着けるほど容易だ。

そんな色々ある置屋街の中でも行きやすさとコストパフォーマンスに優れ、かつベトナムらしい圧倒的存在感の置屋街がある。ナムディン省にある※**クアットラム**というビーチだ。

ハノイからクアットラムまでは車で3時間以上かかる。それでも長距離バスで移動できる範囲なので初心者でも迷うことはない。ネットではハノイの「ザーラム・バスターミナル」からナムディンの市街地までバスで行き、中心にあるスーパー「※**ビッグC**」の前でクアット

※**クアットラム**
ハノイのザップバット・バスターミナルからおよそ130キロの、ナムディン省にある海水浴場。ハイシーズンは家族連れで賑わい、近隣のシーフード料理店も繁盛する。一方で、巨大な置屋街としても有名である。

※**ビッグC**
タイのスーパーマーケットチェーン店で、ベトナムへは

ラム行きの赤いローカルバスに乗り換えるように書いてある。

しかし、現地在住の日本人に聞いたら、実はハノイからクアットラム直行便があるということで、それを使ってみた。バスターミナルはザーラムではなく「※**ザップバット・バスターミナル**」になる。ターミナルからは様々なタイプのバスがあるが、適当に声をかけてくる兄ちゃんに「クアットラム！」と言えば、バス乗り場に連れて行ってもらえ、そのまますぐに出発となる。基本的にはどのタイプのバスでも片道7万ドンだった。

ボクが乗ったバスはマイクロバスで、ぎゅうぎゅう詰めになっている上でさらに途中でも客を拾う。窮屈だがＷｉ-Ｆｉがあって暇は潰せる。パスワードを聞くのに苦労したが、最終手段で隣の人にパスワード入力画面を差し出し、打ち込んでもらった。

バスは※**3時間程度で現地に着いた**。季節柄、

クアットラム行きのマイクロバス。Wi-Fi があるのが救い

1998年に進出を果たしている。ただし当初は違う名称で、2004年にビッグCに。イメージとしては日本のイトーヨーカ堂といった、地元の大きめなスーパーといった感じ。

※ザップバット・バスターミナル 国鉄の「ハノイ駅」からまっすぐに南下したところにある。タクシーでもバイクタクシーでも行けるし、路線バスなら駅前を通る32番でもいい。

※3時間程度で現地に着いた ザーラムからのバスの場合、ビッグCはハノイから1時間半、赤いローカルバスで1時間半とナムディンは広く、クアットラムの道のりは遠い。それがザップバットからなら海岸の目の前まで行ってくれる。

すべての人が途中でおり、海岸まで行ったのはボクだけだったが、ちゃんと置屋街の目の前に着いた。これはラクチンである。

●海岸沿いに並ぶ食堂が実はすべて置屋？

さて、クアットラムの圧巻は置屋の数だ。海岸は本来はビーチになっていて、その前にあるシーフード食堂らしきものがすべて置屋なのだ。全部数えることはできなかったが、番号の付いた店だけでも44軒、海岸線の距離的には少なくとも60軒はあるだろう。

訪れた日は天気がものすごく悪く、海は大荒れ。ちょうど潮が満ちていたので、堤防の目前まで波が迫る。**ベトナムなのに日本海の雰囲気**※。まったくもって海水浴場感がない。実際、前日なのかその日の朝なのか、海岸線の付近の道は波で冠水していたようで、小さな村は砂と海水で水浸しだった。

海水浴場としては完全オフということもあって、女の子はその辺りでは見かけない。シーズン中は店にも何人か女の子が座っているらしいが、今回は店主が来客のたびにどこかに電話をかけて、呼び出してくれる。そもそもハイシーズンでも店に座っている**女の子は何軒か掛け持ちしている**※のかグループ店なのか、別の店に客が来ると移動があるようである。

クアットラムがどんなところか知らない人にはどれが置屋かはわからないかもしれない。あくまでも小さなシーフード店が並ぶだけだ。また、女将さんらしきばあさんたちも我々を

※**ベトナムなのに日本海の雰囲気**　気温も15℃を切っている日だったので、東南アジアでは極寒。まさに日本海に来たような気持ちになった。

※**女の子は何軒か掛け持ちしている**　ホーチミンのバーと同じで、フリーとして女の子は存在して、店はいくらかの手数料を取りといった感じなのだろう。通りで集落の様子を撮影していると普通の人は無反応だが、置屋勤務と見られる女の子は顔をすぐ隠していた。

カメラを向けると顔を隠された

見て声をかけてくれる人とそうでない人がいる。置屋と知っていれば声をかけてきた意味がわかるだろうが、ベトナム語なので、置屋の存在そのものを知らないと辿り着けないだろう。

海沿いにズラッと並んだシーフード店。実はこれ、ぜんぶ置屋なのだ

　ベトナムではセックスを「**ブンブン**」※という俗語でも呼ぶ。女将さんに声をかけられたら「ブンブン？」というと、そうだそうだといった返しがくる。女の子は部屋代、チップすべて込みで20万ドン。バスが往復で14万ドンで、バスターミナルから宿までの交通費を含めても本番料金の方が安い。これは素晴らしくないか？

●かわいくって明るい子が来た！

　ある店で待っている間、念のため女将さんに料金を再確認する。ベトナム語では20万を「**ハイチャムギン**」※という。そう訊ねると、うんうんとうなずく。

　5分後、バイクの音が近づいてきた。かなりのかわいい子。細身。身長は155センチ前後

※ブンブン
ベトナムに限らず、東南アジア全域でこの言葉は通じる。ある意味、すごい言葉だと思う。ハローすらわからないベトナム人でさえ大概通じる。日本人にも中国人にも、そして欧米人にも。こんな便利な単語はほかにないのでは？ ちなみに、インドでは「ジキジキ」と言われた。いずれにせよ、繰り返す擬音のようである。

※ハイチャムギン
ベトナム語はカタカナでは表せないほどに難しい。だから、がんばってベトナム語を使っても返される単語はまったくわからないだろう。クアットラムで憶えておくとよい言葉は、このハイチャムギンとあとはセブイッだろう。発音はセビッみたいな。バスという意味で、ベトナム語では「Xe buýt」と表記する。

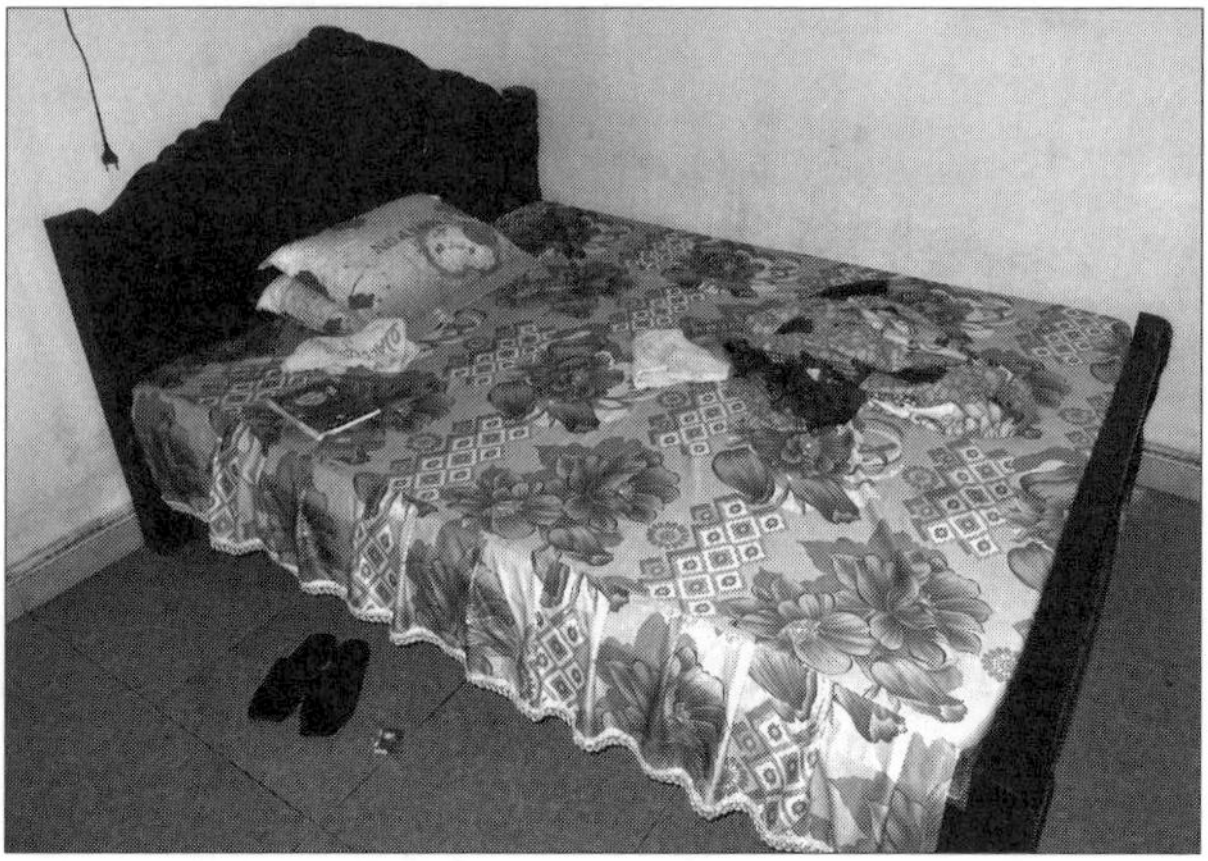

置屋のヤリ部屋。普通のアパートのような感じで清潔だった

か。セミロングの髪の毛をアイロンでちょっとウェーブさせてみたり。大当たりじゃねえか！　たった10ドル程度でこんな子が？　クアットラム、最高だぜ！

　部屋に入る。思ったよりもちゃんとした部屋。東南アジアによくあるアパートの一室のようだ。ベトナムは全般的に風俗店の部屋の仕様がいい。一応、トイレと水シャワーもある。部屋の上部は開いているので、廊下に声がだだ洩れだが、まあそれもプレイと思えばいい。

　普段使わない**指さし会話帳を持参**※し、名前を訊ねる。タオと言った。年齢を訊く。19歳。ぶすっとした感じはなく、明るい子でよかった。

　彼女はボクの服をさっさと脱がせる。シャワーは浴びないようだ。いきなりコトを始め、さっさと帰るつもりだろう。**まさにちょんの間**※である。彼女も上をまずは脱いだ。小さい胸だが、きれいでなんというか、来てよかったと思う。彼女をベッドに横にさせる。その後、

※指さし会話帳を持参
ベトナムは識字率が高いので、指さし会話帳が問題なく使える。カンボジアは20代でも文字が読めない人がいて、指さし会話帳が成り立たないことがある。

※まさにちょんの間
東南アジアの置屋でちょんの間じゃないところはないのだが……。ただ、なにか余韻的なものもあってほしいと正直思う。

※**手でブンブン**とボクの下半身を弄りまくり、反応してくるとゴムをかぶせてくれた。彼女も全裸になり、下にローションを塗って一戦交える。

季節柄なんだが、とにかく寒い。確かにシャワーなんか浴びていられないが、汗で湿った体でなくて、サラサラ感で抱き合うのもいい。廊下に声が漏れるのを嫌ってか、タオちゃんは声をあまり出さなかった。でも、ボクのことを嫌っている雰囲気もなく、これキスできるんじゃね？　と思って隙を見て唇を近づけた。さっと避けられた。やっぱだめか。

終了すると、彼女はさっさと水シャワーで下半身を洗いに行く。そのあとに入ってタオルで体を拭いていると「じゃあねえ」。彼女は去って行った。せめてそこは待ってくれよ。

チップも要求されず、ボクは女将さんに20万ドンを払っただけ。安い。実に安い。この値段なら、そっけない対応も仕方ないか。なんならもう1軒行ってもいい。

帰りのハノイ行きのバスは30分から1時間に1本程度だ。ビッグC行きの1番と10番は15分おきにくる。これに乗ってナムディンで乗り換えてもいいし、ザップバットに戻るバスを待ってもいい。ちなみにこの赤いローカルバスは3万ドンかかる。

ボクはハノイ行きをひたすら待った。が、全然来なくて、仕方なく近くの屋台で※**ベトナムコーヒー**を頼む。ぽたぽたとゆっくりドリップさせる店だった。いいじゃない？　旅をして女を抱いて、海の街でコーヒーが垂れるのを眺めるなんて。

4滴目かな。目の前をザップバット行きが行ってしまったのだった。

※手でブンブン
この場合は性交を意味するブンブンではなく、早く硬くさせようと、タオちゃんがこちらの下半身をぶん回し始めたのだった。

※ベトナムコーヒー
ベトナムはコーヒー豆の産地で、元々フランス統治下にあったことからか、庶民にもコーヒーが深く浸透している。味は濃く、練乳を入れるなど甘くして飲む。値段は屋台なら2万ドン前後（約96円前後）、チェーン店などのちゃんとしたカフェだと6万ドン（約290円）くらい。豆の量り売りもしているので、土産にもちょうどいい。

ベトナムコーヒー

【北部　ドーソン】

轟く嬌声！　真顔のエロギャルに撃沈

ベトナム人は安く女遊びをしたい場合、みんな海を目指すのだろうか。ハノイからバスで約2時間（取材当時）ほど東に行ったところに※**ハイフォン**という町がある。以前は交通事情があまりよくなかったが、２０１５年に高速道路が開通し、今ではかなり時間短縮して行きやすくなった。

このハイフォンからバスで約30分の場所にある岬がドーソン。ドーソンはハノイ市民にとってはリゾートのような場所で、ホテルにはカジノもある。安宿も多く、ハノイ近辺に住む人は海水浴をしたいときはここに来る。

そんなドーソンの安宿街は実は置屋も兼ねている。というか、置屋がゲストハウスを兼ねていると言ってもいい。本書では何度も書いているが、ベトナムは風俗産業への規制が非常に厳しい。だから、表立って風俗店を名乗る店は皆無で、多くが飲食店や宿泊施設を経営しつつ、その裏で女の子を斡旋しているのだ。

※**ハイフォン**
北部最大の港湾都市で、ハノイとホーチミンと同じ中央直轄の街。ハノイから１００キロほどで、日系企業も進出している。

ドーソンも同じで、バスの終着点から徒歩圏内に安宿が並び、特に「**ホアクック**※」というところは日本人宿とも呼ばれるほど、日本人ベトナム置屋ファンの御用達になっているという。この辺りの宿にいる女の子たちは専属なのか、そうでないのかよくわからないが、とにかく置屋に顔を出して**ママさん**※に声をかければ、何人か女の子が集まってくる。

ベトナム人で賑わうドーソンのビーチ。海はあまりきれいではない

ドーソンの置屋は本来一律料金だが、置屋が密集するエリアごとに価格帯にズレがあるようで、言い値では20万～30万ドン、さらにチップでプラス5万ドンというのが相場だった。場所的に季節柄というものも強く影響すると思う。さすがに寒い季節は閑散期になり、女の子は少なくなると言われる。

●運悪く、置屋が閉鎖のタイミングで到着

さて、そんなドーソンは基本的には年中無休で営業する。しかし、稀にやっていないことも

※ホアクック
ハイフォンからのローカルバスの最終地点に近く、海辺にあるので立地はすごくいい。一応ここに泊まったが、当時は泊まるにはひどい宿だと感じた。ただ、食事付きだったので、ベトナムの家庭料理を堪能した気持ちになれた。

※ママさん
ちなみに、「ママさん」という日本語は東南アジアのバーでは普通に通じる共通語になっている。ベトナムのローカル向けのバーでさえも通じる。「Mama-san」という英語版ウィキペディアページも存在するし、ベトナム戦争映画「ハンバーガー・ヒル」でも高地に出撃する前のシーンで、風俗店のママさんに怒られるのだが、そこでもママさんという言葉が出ていた。

ドーソンの日本人宿といわれるホアクックの外観

ある。確認はできていないが、おそらく**テト**※は厳しいだろう。それから、海の日なのかよくわからないが、軍や警察がなにかイベントをやるときも一斉に閉鎖となる。その点は事前に確認するにもベトナム語がわからなければどうしようもない。人気渡航先とはいえ、ベトナムの風俗情報は※**最新版でさえ数ヶ月も前**ということはよくあり、リアルタイム情報は現地にツテがない限り調べようがない。運に任せるしかないようだ。

　かく言うボクも実は一度なにかのイベントで一斉閉鎖しているところに出くわしたことがある。女の子は目の前にいるにもかかわらず営業禁止なので、斡旋してもくれない。エサを前にしながら永遠にお預けをくらうようなものだ。

　だが、幸運にもそのとき、ボクは別のエリアの情報を手に入れていた。そこは陸軍だか、海軍の縄張りなので、岬の置屋街が閉まっていてもやっている可能性が高いという。

※テト
ベトナムの旧正月で、ベトナム人がなによりも大切する祝日。暦で毎年違うが、毎年2月中に1週間ほど休みになる。日本だとベトナム戦争の「テト攻勢」を連想する人が多いのではないだろうか。

※最新版でさえ数ヶ月も前
好きで行っている自分としてはベトナムも遠くない国だが、日本ではまだまだ異国で、情報が少ないようである。そう考えると、タイなどの人気国の情報の早さは特異である。

場所はすぐにわかる。ハイフォンからドーソン岬までバスで来ると、**闘牛の銅像**※を目印に海岸線を右に曲がる。そこで右ではなく、左の方に進む。それだけだ。5分もしないうちに数軒のゲストハウスが連なる建物が見えてくる。そこに女の子がいるのだ。

闘牛の銅像を左に進んだ先にある置屋。建物の奥数軒が置屋になっていた

料金は25万ドン。チップ込みの値段だ。置屋は3軒くらいあるが、実は上で全部繋がっていて、女の子は共通になる。ボクが行った日は**女の子が8人くらいはいた**※。

ボクはその中でも飛びきりのギャル系を選んでみた。全然英語もできないので、こんなこともあろうかと持ってきた会話帳を使って年齢を訊く。彼女はここでは書けない年齢を指した。本当かわからないのは見た目も、その指した年齢も微妙なラインだったからだ。

●積極的、だがその表情は……

部屋には一応シャワーがついていた。ベッド

※**闘牛の銅像**
一瞬レッドブルとなにか関係があるのかと考えたが、あれはタイのものであって、ベトナムは関係ない。

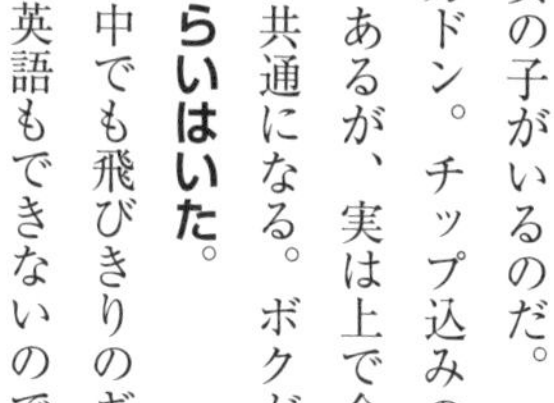

目印の闘牛の銅像

※**女の子が8人くらいはいた**
ギャルっぽい女の子、優等生系の色白の女の子など、いろいろなタイプがいた。

置屋の室内。ベッドの横壁に鏡があるのがなんともシブい

の横の壁は鏡。エロいじゃないか。薄暗い部屋。一応カギは閉まるものの、**万が一未成年だったとしたら警察に踏み込まれる**※のではないか。そんな気持ちになってボクは落ち着かない。

しかし、ボクとは真逆に落ち着き払った彼女はボクに服を脱ぐように言う。それならばとボクも彼女に脱ぐようにジェスチャーする。すると、まさかの拒否だ。どういうことだ。まさか彼女は公安が踏み込んでくることを知っているのではないか。さらに不安になる。

脱げ脱げと半ば懇願するボクに彼女は仕方がないといった感じで、シャツをはだけさせ、ブラジャーの上のふちを押し下げた。薄い茶色の、きれいな乳首が露わになる。彼女はこれを吸えと言いだす。**タバコを差し出す**※わけじゃないんだから。

とはいえ断る理由もなく、ボクはベッドに腰かけ、立ったままの彼女の乳首に赤ん坊のよ

※**万が一未成年だったとしたら警察に踏み込まれる**
ベトナムでは13歳未満との性交は合意の有無に関わらず強姦罪が適用されるなど、未成年との性行為には厳しい麺がある。現実的に未成年者が働いていることもあるので、客側としては怪しいと見たら選ぶべきではない。

※**タバコを差し出す**
中国もそうだが、ベトナムの男性にとってはお近づきの印といった感じでタバコを差し出すのがマナーのひとつ。ただ最近は吸わない人も増えているので、必ずしも喫煙者が誰にでもタバコを差し出すわけではなくなったようだ。ボク自身もタバコを吸わないので、何度か差し出されて困ったことがある。それがなくなったのは正直ありがたい。

うに吸いつく。すると、日本のエロビデオも真っ青の喘ぎ声が部屋に響く。※**ベトナム人は情熱的**と聞くがそういうことなのか？　ボクは感動を覚える。喘ぎ声が激しくなればなるほど、彼女はボクの顔を自分の胸に強く押し当てていく。興奮しているのかい？　エロい！　なんてエロいんだ！

彼女の悶絶する顔をなんとしても見たい。押さえつけられ窒息寸前で乳を吸いながらなんとか彼女の顔を盗み見た。

……真顔だった。

これ以上はないというほど、真顔だった。なんという演技派。やられた。ときに知らなくていい真実というのがあるのだと、彼女は教えてくれているようだ。

ボクの視線に気がついた彼女は、はい、じゃあ次、といった感じでボクをベッドに誘導した。そして、パンツをおろす彼女。いや、上は？　あくまでも拒否である。

しょうがないので、彼女を抱きながら唇を近づける。顔をそむける彼女。ないない尽くしじゃねえか！　ぶちギレたボクは嫌がる彼女の服を無理やり脱がし、顔を掴んで無理やりチューをした。金を払っていなければ確実に犯罪者だ。

そういえば2003年、※**台湾のポン引き**に紹介してもらった女も顔を押さえてチューしたな。全然成長してねえなあ、と汚い浴室で水シャワーを浴びながら思った。

※**ベトナム人は情熱的**
当然人によって差はあるものの、東南アジアにおいてはフィリピンに並んでベトナム女性は床上手だという話をいろいろな人に聞いた。いずれも夜遊びが大好きなしょうもない日本人や白人のおじさんばかりだが。

※**台湾のポン引き**
当時はネット情報もほとんどないし、台北の風俗情報本もまずなく、とりあえず林森北路に行けば立ちんぼがいると聞いた。そこでポン引きに会ったが1万円超の高額だったような気がする。ちなみにチューを拒まれたのにはもうひとつワケがあり、当時台北がSARS（重症急性呼吸器症候群）のパニックまっただ中だったこともある。

【北部　ハノイ】
「ニョ」なカラオケ嬢に萌えまくる夜

ハノイの※**ハイバーチュン**と呼ばれる区域にも日本人向けカラオケが点在する。ホアンキエム湖に近いので、観光客も行きやすい。基本的には連れ出しはできず、店で飲んだりカラオケを楽しむのが普通だ。料金制度も時間制だったり、飲み放題だったりといろいろある。

ほとんどの女性が売春などとは無縁で働いていて、わりかし健全な遊び場だ。ちょっとタッチしてみようものなら嫌がられるし、※**ボクなんかは一度ビンタされたこともある**。その先を求めている場合は相当つまらないとも言える。

こういった店の女性は日本語がうまい子は本当に上手に話す。ただ、極端というか、話せない子はほぼゼロレベルで話せない。英語ができれば救いがあるが、それもできないこともある。最初に女の子を選ぶ際にママさんやチーママがその辺りを説明してくれる店が多いので、選んだあとに話が違うじゃないかということはないが、ベトナム語しかできない子を口説くのは現地在住の人でないと厳しいだろう。

※**ハイバーチュン**
ベトナムはどの街も同じ名前の通りがあってややこしい。ハノイのハイバーチュンは旧市街の目印でもあるホアンキエム湖の南側で、個人的には旧市街でも新市街でもないエリアという印象。新しい店が多く、在住日本人の集まる場所でもある。

※**ボクなんかは一度ビンタされたこともある**
『東南アジア　裏の歩き方』(小社刊）ベトナム編で書いた、尻にタッチしてひっぱたかれるということが一度あった。その店は2017年末に

トンニャット公園[※]近くにあるチェウビエットブオン通り周辺にカラオケが点在していて、この辺りならもし失敗してもすぐに次に移れそうだからと、**「びじん」**[※]という店に行った。

ベトナムはわりと夜が早いが、この店もカラオケ店なのに深夜0時に閉まるという健全さ。その時点で21時くらいで、2時間くらいしか飲めないが、**85万ドンで閉店までOK**[※]だという。しかも、よくよく見たら酒はジャックダニエルだった。これならばコストパフォーマンスは悪くない。

喜び勇んでボクが選んだのは、色白のちょっとハーフっぽい雰囲気のあるメイちゃん。残念ながら英語しか話せない。一方、同行者の選んだ子は日本語が上手なアミちゃん。顔が小さくて、たぶん人気嬢なんじゃないかなと思った。

●日本語が上手な子だと心から楽しめる

案内された部屋は4人で入るにはかなり広

高級感溢れるカラオケ「びじん」の個室。右がメイちゃん、左がアミちゃん

通ったらなくなっていた。

※**トンニャット公園**
トンニャットは漢字で統一と書く。なんとなく読めそうな公園だ。ハノイは緑豊かで、ホアンキエム湖を始め、市街地に湖や池などの水辺も多い。こういうところは周辺にコーヒー屋台があって、安くコーヒーを飲みながら水辺を眺めると、荒んだ心を癒やすことができる。

※**びじん**
2017年末に現地を歩いたがみつからず、ネット検索をしても出てこない。もしかしたら閉店か移転、店名を変えた可能性がある。

※**85万ドンで閉店までOK**
あくまでも当時（2014年）の料金だが、ベトナムは物価があまり変わらないので、このレベルの店は今でも少なくない。

アミちゃんの「〜ニョ」攻撃にオジサン、悶絶

い。10人クラスでも余りそうなほどの部屋で、すでに遅い時間だったこともあって、もう客は来ないからと使わせてくれた。ベトナムのカラオケ店は行ったことがあるところだけに限って言えば**部屋代も込み**※なので、非常にコストパフォーマンスに優れていると思う。何軒か行って全部そうだったから、ベトナムのカラオケは全部そんなシステムのはずだ。ホールだと知らない人のカラオケまで聞かされるはめになるし、個室はゆっくりと遊べていい。

　さて、我々はまずは当り障りのない会話から入る。出身地や年齢などを聞く。メイちゃんの英語力はそこそこでありがたい。まったくできないと困るし、できると言いながら全然できない奴とかはもっと迷惑だ。彼女はそれなりに受け答えができた。聞けば**昼間は大学生**※なんだとか。

　アミちゃんは日本語学科の学生だと言った。どこまで本当かはわからない。日本人は学生と聞くと神聖なものと勝手に受け止める傾向があるわけで、それを逆手に取っている可能性だってある。ただ、彼女の日本語レベルはかなり高く、普通に仕事で憶えるレベルではない

※**部屋代も込み**
比較対象がタイ・バンコクのカラオケ店なので、日本人の感覚ではないかもしれないが、タイは多くが個室に別途3000円くらいかかるので、なんか損した気分になってしまう。

※**昼間は大学生**
ベトナムのホステスは学生のバイトも少なくない。英語や日本語を勉強して、それを活かしたバイトをするのだ。この実用性第一のアグレッシブさは見習いたいものだ。

と感じた。もしかしたら日本人の彼氏がいる、あるいはいたとかもあるかもしれない。

やっぱり**若いと語学の習得スピードが速い**※。特に恋人がいると必然的に話す必要性が高まるわけで、それが若いとあっという間に憶えていく。かつて知り合った17歳のカラオケ嬢は、その時点では片言の日本語スピーカーだったけれど、2年ぶりに会ったら日本語がペラペラになっていた。日本人の彼氏ができ、しばし普通の販売店勤めをしていたのだとか。

さて、アミちゃん。大所帯アイドルグループにいそうなほどにかわいい。そのかわいさは顔だけでなく、どこか印象的にもかわいさがある。最初はよくわからなかったが、よくよく聞いていると彼女にある癖があることがわかった。

「そうそう、それはこうでね、こうなるニョ」

語尾がなぜかすべて「ニョ」で終わる。わざとではなくて、もうそういう風に習得してしまったようであった。これ、演技で言ってたとしたら相当なものよ。

「ええ！　じゃあこれってこうなニョ？」

全部が全部「ニョ」だ。そのうち、そう？　みたいなのも「ニョ？」って言っている。たぶん、でしょ？　とか、なになになのよ、あたりがニョになっているのだろう。

これ、もし全然かわいくない子やママさんクラスの年増が言ってたらムカつくか逆に超おもしろいかのどっちかだったろう。**「ニョ」で萌える**※のはアミちゃんだからこそ。かわいいは正義なのだ。

※**若いと語学の習得スピードが早い**
意欲というのもあると思う。ボクなんかは滞在中はいくつか単語を憶え、語彙は増えていくものの、いったん離れるとすっかり忘れ、現地で再度思い出す。確実に言えるのはバーくらいだ。これは「3」という意味で、ビールの銘柄に333（バーバーバー）があり、開高健の本にもこのビールが出てくるので憶えている。

※**「ニョ」で萌える**
ベトナム語でなにか意味があるのだろうか。しかし、ほかの人が話すベトナム語でもこれを聞いたことがない。

【北部　ハノイ】

旧市街の中心でエロと叫ぶ!

旧市街※を昼間歩いているとほとんど気がつかないし、夜間も飲み屋が多い辺りではその喧噪にかき消されて見落としてしまうのだが、古式マッサージ店がそんなに簡単に開業できるのかと疑いたくなるほど至るところにある。

マーマイ通り近辺で**ビアホイ**※を楽しんだ帰りは、時間的に一般の物販店はほとんど閉まっていて、開いているのはゲストハウスかマッサージ店ばかり。そうなると嫌でも目に留まるし、向こうからマッサージいかがと声をかけてくる。ボク自身は揉まれると痛いだけなので興味がなく、いつもスルーしている。

そもそもボクは呼び込みが嫌いだ。「マッサージ、マッサージ!」と言われるのが嫌なのだ。だってボクはマッサージではない。バイクタクシーもそうだ。「モーターバイク!」って呼んでくる奴がいるが、それはオマエだと返したくなる。ちょっと英語ができる輩は「マイフレンド」とか「ブラザー」とか言ってくる。友だちでもないし、ましてや同じ母親だっ

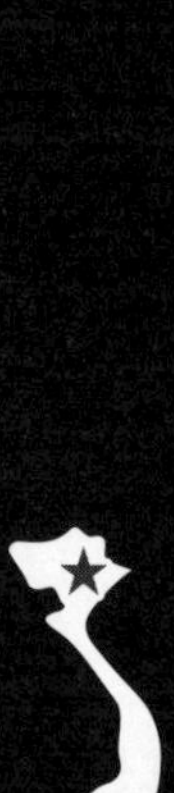

※**旧市街**
ホアンキエム湖の北側から西側にかけての街並みを旧市街と呼び、土産屋、飲食店、バー、クラブ、観光スポットなど観光客向けのものが揃っている。最近はベトナムの若者も大挙して訪れ、いよいよそのカオスに拍車がかかっている。

※**ビアホイ**
路上で飲む激安生ビール。ハノイでは5000ドン（約24円）が最安値。ただし、最近は若者が飲まないため減少し

た憶えはない。

そんなことはどうでもよくて、そういった深夜もやっているマッサージ店はだいたいそれなりにきれいな女性が呼び込んでいたりする。ホーチミンの※**ブイビエン通りにいるようなエロい格好をした女**というわけではないが、顔立ちが整った人が多い。だから、男としては一瞬、あちらを期待してしまうわけだ。

ところが、ベトナムの法則に、表だって呼び込んでいる店は怪しくない、というのがある。エロい店が堂々とエロい店を運営しないという法則で言えば、実はまったくエロくない、ということになる。

マッサージ店はだいたいが怪しいビルの下にあるか、建物と建物の間の奥に連れて行かれるか。ハノイではこの奥のエリアを※**ンゴ**と呼ぶが、ブラックホールのように静まりかえった闇の中に誰が好きこのんで行くのだろう。それで

ホーチミンのテンション高めなマッサージ師。こういう店はエロはない

つつある。ビアホイはハノイの呼び方で、南部はビアトゥオイ、中部はフレッシュビアと呼ぶようだ。

※ブイビエン通りにいるようなエロい格好をした女
2011年のブイビエンにはそんなマッサージ店もほとんどなく、久しぶりに行ったらそんな子がたくさんいたので、正直、ちょっとショックを受けた。今のハノイ旧市街やブイビエンは若者がいて活気がありおもしろいが、もっと前のような中途半端だったところもよかった。

※ンゴ
大通りに面した内部に続く小路を北部ではンゴという。ハノイの小路はオープンではなくて、部外者には閉鎖的な印象を受ける。

こんな赤い看板のマッサージ店は実は女の子によっては、という話

あれば、まだ怪しいビルの中の方が入り口が表に面している分入りやすい。

●実は交渉次第では古式マッサージでも……

そんなハノイ旧市街の、**深夜もやっている健全マッサージ店**※だが、中には悪い店もある。働きアリは全体の何割かが怠け者で、その怠け者を排除すると、瞬間的には100%が働き者になるものの、すぐに最初と同じパーセンテージのアリが怠け出すという研究結果がある。だから、ハノイのマッサージ店もすべてがマジメなわけがない。

ボクが知る限りだが、**旧市街周辺では2軒**※の古式マッサージ店が店内で女の子に交渉することでスペシャルをやってくれる。ただ、本番ではなく、あくまで手コキだが。相場は80万ドン前後。決して安いわけではない。時間があればドーソンやクアットラムに行った方がお得感はある。時間がなくてどうしてもハノイで、

※深夜もやっている健全マッサージ店
飲食店だけでなくマッサージ店もなぜか深夜営業していることがある。バーは条例が変わったらしく、以前は23時を過ぎると閉まり始めていたのが、深夜2時過ぎても営業している店が散見されるようになった。遅くまで飲めるようになったのはありがたい。

※旧市街周辺では2軒
一応、現地在住の日本人にも聞いて裏を取ったところ、やはり2軒であった。まあ、有名な店はこの2軒ということであって、探せばもっとあるはず。

というのであればそういったマッサージ店もある。

社会主義の国では公安的な機関が本書のような書籍でも自国について書かれた本はすべてチェックしているとかいないとか。２０１３年４月にある雑誌でラオス・ビエンチャンの風俗店を紹介する記事を書いたのだが、翌月に一斉摘発があって、そのエリアは壊滅したという。現地在住の日本人から、

「高田くんが書いたから摘発されたよ」

という、本当かどうかわからない報告を受けている。だから、具体的に書いてしまうと潰れてしまう可能性があるのであまり教えたくないが、ここはひとつヒントを出しておこう。

まず1軒目は、**ドンスアン市場**※などがある辺りの外側を走るチャンニャットズアット通り沿いにある。ロンビエンのバス停から南下すると「**東河門**※」があり、その近くにある古式マッサージ店がそれである。

もうひとつは、ホアンキエム湖の西岸側にあるハンチョン通り。この通りからホアンキエム湖の方に抜ける小路との交差点近くにある、赤い看板のマッサージがそれになる。

当然、情報収集したときのことであり、またあくまで店ではなく、マッサージ師の女性個人に交渉してのプレイとなることから、できるかできないかは運次第だ。表に立つ女性に尋ねても教えてくれない。そういった困難を乗り越え、初めてプレイに辿り着けるのである。

そのハードルの高さに80万ドンを払えるのかどうか、じっくりとご検討くださいませ。

※ドンスアン市場
服飾関係の市場で、旧市街の中心的存在。この市場近辺からホアンキエム湖にかけて、週末は道路を封鎖してナイトバザールになる。ちなみに、ホアンキエム湖周辺は週末の昼間も封鎖されて歩行者天国となる。

※東河門
旧ハノイ城壁に作られた門。旧市街の北東に位置する。１８７３年にフランス軍はこの門からハノイの城塞に侵攻した。

東河門

【南部　ホーチミン】

ドンコイにニュー・ホンダガールが登場

ホーチミンの売春婦に、かつてはバイクに乗って斡旋してくる「**ホンダガール**※」というのがいた。

ホンダガールは必ずしもホンダのバイクに乗っているわけではない。ゼロックスとかジャグジー、ウォークマンなど、日本でも製品名がその総称になっていたこともあるように、かつてホンダのバイクがバイクの代名詞だったことからホンダガールと名付けられたようだ。基本的にはふたり乗りで、前は男性、あるいはヤリ手ババアが乗っている。交渉が成立すると前が降り、うしろに乗っている女が連れ込み宿に連れて行ってくれて一戦を交える。

解せないのは、前に乗っているのがその女の恋人であったり、家族であったりすることだ。おそらく売春に一切うしろめたさを感じていないか、そこまでしてでも稼がなければならない理由があるのか。

ホンダガールが厄介なのは、美人局が頻発することだ。どれくらいの確率で遭遇するかは

※ホンダガール
2011年ごろで20ドル（当時1600円程度）が言い値だった。今はほとんどなくなった「ビアオム」という従業員の女性を連れ出せるバーでは75ドル（当時6000円）だったので、かなり安い遊びではあった。

わからないけれども、ホテルに行くとコトを始める前に悪い仲間たちが乗り込んでくる。手を組んだ公安と一緒に乗り込んでくることもあるとか。前者ならまだしも、警察関係に乗り込まれては※**どっちに転んでもアウト**である。

高級ホテルや高級飲食店が建ち並ぶドンコイ通りは、深夜まで賑わう

ちなみに、ボク自身はかつて※**ファングラオ**で何度か声をかけられたりはしたがイマイチかわいくなくて誘いに乗らなかったし、乗っていたのが両方とも元男性で追いかけ回されるという嫌な目に遭ったので、ホンダガールは未経験だ。今回、ネタ的に危険な目に遭ってもいいのではないかとホンダガールを探してみたが、もう絶滅危惧種になっているという話になった。

ところが、ある情報では※**ドンコイ**にホンダガールが変形したバージョンがうろついているという。ドンコイといえば、東京なら銀座に匹敵する。一時期はこの辺りの坪単価が本家銀座あるいはニューヨークを超えたともいわれる高級エリアであり、日本人御用達のショッピング

※**どっちに転んでもアウト**
強請を拒否すれば正統的に逮捕されるだけなので、公安が踏み込んできたら我々にできることは値切ることくらいしかない。それほどの負け戦になる。

※**ファングラオ**
安宿街のブイビエンに並行する大通りで、中央にはファングラオ公園、端の方にはローカルのバスターミナルがある。地下に食堂街（フードコートのような場所）ができていて、涼しく食事もできる。週末は屋台街が通り沿いに出現し賑わう。

※**ドンコイ**
銀座のように高級店が並ぶが、路上には安いコーヒー屋台なども出て、地元の若い人たちもたくさんいる。富裕層から低所得者層まで入り乱れるという点では、他国の高級商業地域と比較して珍しいと感じる。

エリアでもある。そんなところにニュー・ホンダガールが？

●弱々しく声をかけてきたのは……

夜だいぶ遅くなってから、実際にドンコイの辺りを歩いてみた。ドンコイを中心に見て、リトル東京に当たるレタントン寄りの**ハイバーチュン通り**※は人通りは少ない。若い女性が入り口に立っている怪しげなバーなどがあり、閑散としていることが怪しさマシマシになる。この辺りも2011年には「**ビアオム**※」というジャンルの安いバーが何軒もあったが、シャッターが開けっ放しの完全なオープン店なので不安はなかった。今のバーはエアコンの関係もあるにしても閉鎖的になっていることから、中に入ってなにかあっても助けを求めることすらできない。そういう怪しさがある。

逆にドンコイ南側の公園周辺から「**高島屋**※」にかけてはかなり賑やかになる。公園はベトナム人が夜を過ごすのに欠かせない場所のようで、とにかく大勢の人で賑わっている。

そのうち声をかけてくるだろうとドンコイをうろついていると、交差点で中年の男性が声をかけてきた。

「オンナ？」

そ、そういうことなのか？　進化したホンダガールはなんとおじさんになっていた。正直驚きを隠せない。男は何度もオンナ、オンナと言った。そしてボクも我に返る。いくら？

※**ハイバーチュン通り**
かつてはビアオムが堂々と営業しており、怪しい雰囲気があったが、今は怪しさはあるもののきれいめな地域に変貌している。治安も決して悪くなく、ドンコイと共に夜の散歩には最適のエリアになっている。

※**ビアオム**
「オム」は「抱く」という意味。「ビアオム」は性的サービスがあるバー。ハノイには「カフェオム」があり、そちらはマッサージ店を装ったヘルス的な店。

※**高島屋**
1区のベンタイン市場とドンコイの間くらいにある。2016年7月オープン。飲食店に限ってはザッツ日本が揃っているが、ほかは普通のデパートといった感じ。

「100ドルだ。ホテル代も全部込みで」

どこにいるのかと訊くと、近くに待機しているという。小柄な親父の後を歩くが、意外にも歩みは速い。せいぜいワンブロック程度かと思いきや、そこそこ歩いて着いたのはサイゴン川に近い扇状の公園の辺りで、ホーチミンに何軒か支店を持つ**中級ホテルの前**※だった。

ホテルのロビーを覗いてみてもそれらしき女の姿はない。いないじゃん、と思っていると、目の前に停まっていた車からわらわらと女が降りてきた。ホテル専属ではなく、外で待機して客が来るとこのようにお披露目となるらしい。

ちなみに、偶然なのかいつもなのか、車種は**CRV**※であった。進化したホンダガールというのはバイクから車になったことなのか、それとも中年のおっさんをポン引きに迎えたことなのか。謎は深まるばかりだ。

肝心の女のレベルはというと、もうひどい。

ピンボケしているが、まさに声をかけてきたのがこのおじさんだ

※**中級ホテルの前**
ほかの支店はそこそこにきれいな雰囲気があったが、ドンコイのは逆に閑散としていて怪しい雰囲気しかなかった。もしかしたら、連れ込みに特化しているのかもしれない。

※**CRV**
見た感じは新車だった。ベトナムの物価価値からすると価格が高い日本車より、多くが安めの韓国車を選ぶ。ホンダを乗り回しているのを見ると、儲かっているのかと勘ぐりたくなる。

●怒涛のポン引きタイフーン

ドンコイ近くの公園を歩いていてもポン引きが寄ってくる

年増ではないが、若くもない。30歳に届いてそうでもあるし、そこまではいっていないか。厚化粧でわからない。5人の女がボクの間の前に半円形になって立っていて、1メートルは離れていたのに化粧や香水の臭いが鼻についた。

これはないなあ、と親父に言うと**「待て待て、まだほかにもいる」**※と焦る。いや、こういうのってファーストインプレッションでしょう？初見でダメなの出しておいて、ほかにいいのがいるとは思えない。というわけで、強く引き留める親父を無視してその場を立ち去る。

しかし、進行方向に立つ女たちはボクの顔を凝視したまま微動だにしない。どうやら道を開ける気はないらしい。嫌だわ嫌だわ。ドSの厚化粧なんて。

※「待て待て、まだほかにもいる」
このフレーズは東南アジアの風俗店全般でよく耳にする。いるならなぜ最初から出してこないのか。そして、実際に待ってみても、大概しょうもないのがやってくる。

※「オンナ」だけ日本語で言うんだ
これも東南アジア全般のポン引きあるあるで、ここだけ日本語だったりするので、最初

数十メートルほど中年ポン引きはついてきたが、結局諦めて立ち去った。ところがそれだけでは終わらない。どこかで見張っていたのだろう。今度は女のポン引きが近づいてきた。

「うちにもオンナ、いるよ」

なんでこいつらは**「オンナ」**※**だけ日本語で言うんだ**。料金は最初の男性ポン引きと同じだったが、最終的には70ドルまで自分で下げてきた。女は公園の先のバーで待機しているという。今度の中年女性ポン引きはさっきの男とは違い、スマートフォンで写真を見せてくれた。ただ、ちょっと待て、と日本語でツッコミを入れてしまった。

いや、美しいのよ、これが。色白で、背が高く、そして細い。手足も長くて胸も大きくて、なにより、全然ベトナム人じゃないでしょ、これ。タイとか韓国、あるいは中国の女の写真なのでは？　かつてカンボジアとタイの国境の町**ポイペト**※で置屋を見たことがあるけれども、ベトナム人がかわいいからと言われて見に行ってみれば、ちんちくりんのすごいのがいた。絶対このパターンでしょう。

この女性は英語もそこそこにできて根性もあって、かなりの距離をつきまとってきたが、結局諦めて帰ってくれた。ベトナムがいいのは去り際になにも言わずにいなくなってくれることだ。タイは罵倒の言葉を投げつけられたり、**カンボジアではビンタ**※をしてくる。

ホーチミンのホンダガールは形を変えていまもなお生き続けている。たくましく、微笑ましい。人間、ホンダガールのように臨機応変、ちょうどよく生きるのがベストなのだ。

はなにを言っているのかわからないときがある。オンナ、カワイイ、ヤスイ、シャチョウ。昭和のポン引きのフレーズがよく使われる。

※ポイペト
タイ東部の町アランヤプラテートとカンボジア西部の町ポイペトに国境ゲートがある。タイ人にはカジノが有名で、日本人にはタイとアンコールワットを結ぶ経由地として知られる。ここにカンボジア人やベトナム人女性がいる置屋が数軒ある。1回3000円しないくらいで遊べる。

※カンボジアではビンタ
これもポイペトの話だが、おかめ納豆の顔をした（おしろいで顔だけ真っ白）、肥満体のおばさんが出てきたので、帰ろうとしたら思いっきりビンタされたことがある。

【南部　ホーチミン】

置屋マスターはエロカラオケを目指す

「エイズになってもしょうがない。基本、ゴムなし。つけても途中で外すんだ」

ホーチミンにいる置屋マスター、**ヨネさん**※の言葉は重い。30代後半の彼はホーチミンに暮らして数年。今でも週に4日は夜の置屋巡りに時間を費やす。

ヨネさんのなにがすごいって、ローカル風俗を求めて、バイクでめぼしい場所に行ったら、そのまま徒歩でこれという場所に突入するところだろう。

ベトナム政府は風俗店に対して非常に厳しい態度を取る※。そのため、経営者はそれとはわからないようにカモフラージュする。見た目や看板はもはやただの民家や飲食店。しかも飲食店は本当に飲食店として営業していることもある。だから、彼はここぞと思ったらたとえ民家であろうとドアを開けて入っていくのだそうだ。

「それでも当たる確率は3分の1くらい」というが、突然見知らぬ外国人に踏み込まれた民家の人はさぞかし迷惑だったことだろう。しかし、恐るべきはその行動力。ヨネさんは**「観**※

※**ヨネさん**
細身のイケメン。ベトナムの夜遊びを語る自信に満ちたその口調は「師匠！」と思わず尊敬してしまうほど。元々はビジネスマンであり、表の顔、裏の顔がある、まさに置屋マスターにふさわしいバックボーンがある。

※**ベトナム政府は風俗店に対して非常に厳しい態度を取る**
実際にベトナム政府は厳しい方だが、東南アジアが手を組んで経済共同体を推し進めていることもあって、国際化を

光客じゃ絶対にローカル置屋は見つけられない」と豪語するが、それも納得の執念深さだ。

「狙うのはカラオケ。基本的に徒歩で探すのがオレ流儀」

ローカルの健全カラオケ。ベトナムでは見た目が派手なほど健全な傾向にある

ホーチミンのカラオケには日本人向け、華人向け、ベトナム人向けがあるそうだが、やはりベトナム人向けの店にかわいい子が多いのだそうだ。ホーチミンにいくら外国人が多いといっても、やはり絶対数としてはベトナム人男性が圧倒的。ローカル同士であれば言葉の壁はなく、女の子も働きやすい。だからこそヨネさんはローカルのカラオケにこだわるのである。

飲んで騒いで、ときには個室で裸になる子もいるほど盛り上がる。そして**意気投合すれば本番**※。チップはだいたい50万ドンくらいからでやれるのがローカル・カラオケの魅力だとか。

●トラブルも決して少なくないローカル遊び

そんなカラオケ店での遊び方のポイントはな

進める中で東南アジア全域で風俗関係は厳しい取り締まりに遭い、減少方向にある。

※**「観光客じゃ絶対にローカル置屋は見つけられない」** これは実際に体験してみてわかったが、ベトナムにおける最大の真実であった。南部のローカル置屋よりもハノイ方面の置屋（例えば20ページのクアットラム）の方が行きやすいので、置屋遊びは北部を推奨したい。

※**意気投合すれば本番** 置屋系なら部屋も併設されていることもあるし、連れ込み宿のようなところもある。ベトナム語で「宿」はニャギというのだが、個人的に妙にハマる発音で、バーの女の子に無意味に「ニャギ」と連呼させ、ボクは悦に入る。

んだろうか。

「ベトナムでは店で女の子を管理していない。つまり、**女の子はフリーランス**※なの。だから、次に来たときにその子がいるとは限らない。一期一会ってこと。だから、これと思った子には迷わず行く。これがコツ」

マッサージ※では基本的に女の子を選ぶことができない。そうなると好みの子がいようがいまいが関係なくてつまらない。だから、カラオケ、というわけだ。

これだけ通っているとなにかトラブルもあるのではないか。

「あるね。一度あったのが、女が全然個室に来なくて、帰ろうとしたら不当にチップを要求された。当然突っぱねるわけで、そうしたら12人に囲まれたよ。シャッターも閉められて」

ベトナムは建物の構造上、非常口なんてかわいいものはなく、出入り口は店の正面玄関のみ。そこを閉められては逃げ場がない。カラオケではママさんやボーイへのチップが要求される。これに関してはプライスリストがない。だから最ももめる原因になる。相場としては平均で20〜50万ドン程度。100万ドンも要求されたら明らかにボッタクリである。

ヨネさんはおかしいと思ったことははっきり言うタイプで、そのことがよりもめる原因になったのかもしれない。結局、なんとか振り切って逃げたと言うが、ローカルな遊びだけにそれなりのスリルもあるということだろう。

※女の子はフリーランス
簡単に言えば、店は女の子に給料を払っていないので、女の子も雇われているわけではないということ。万が一、公安に踏み込まれても、女の子は普通の客だと主張できるし、店側も稼げる場所を提供しているから店と女の子の関係はイーブン、といった考え方があるらしい。

※マッサージ
51ページで紹介している韓国マッサージのように、マッサージ店を装った置屋もある。基本的には女の子の指定はできないが、言えば選ばせてくれる場合も。

●ローカルが熱いのは断然5区

ヨネさんに、いまホーチミンで熱いところはどこか訊いた。

「**5区**※だね。あそこはえぐい。どんなに周っても行ききれない」

5区は中華街であるチョロン地区とも呼ばれるエリアだ。このエリアにもカラオケ店が多く、**女性は中国語を解す**※ので、ベトナム語と中国語で会話をする。古きよき中国の夜遊びといった風情もあって、とにかくチョロンはいい店が多いのだとか。だが、ここも素人にはまず辿り着けない。ボク自身も実際に歩いてみたが、それらしき店が全然わからなかった。

「見分け方のポイントは看板。ネオンの付け方や色の配置でそれらしきものかどうかが判別できる。店構え、入り口の様子も重要かな。そうそう、看板に**ニャハン**※の文字と数字が表記されている店はわりと高確率でそういう店」

5区は中華系の多い下町。街中にこんなホテルもあるが、これは普通の宿

※5区
1区から見て西側にあり、5区と6区に跨がって中華系住民が多いチョロンがある。ベトナム人は治安がよくないと言うが、特にほかの地域との差は感じられない。

※女性は中国語を解す
中国の家系をガチガチに継承していると中国語を話すようだが、若い世代はベトナム語を中心に会話をする。このエリアの中華系はホア族と呼ばれ、17世紀末から移民として移住。1975年以前は南部に120万人おり、そのうちの70万人がチョロンに住んでいたとされる。ただ中越戦争によって1978年にはチョロンのホア族は10万人にまで減少している。

※ニャハン
レストランや食堂を表すニャハンは「Nhà hàng」と書く。宿のニャギも同じで、「ニャ」は家などを表すようだ。

マッサージ店でも露骨な格好をする店ほど健全。ベトナムは難しい！

色の配置で店の中身がわかるなんて、ヨネさんが本物の置屋マスターの証である。

ニャハンとはレストランとか食堂といった意味で、これに数字がくっついてくるだけの看板は怪しいみたいだ。いわば屋号がほぼないも同然。実に怪しいというわけだ。ただ、ベトナムは番地を屋号にする店が多いので、必ずしもそうとは限らないのもまたややこしい。

そんなヨネさんは今日もローカルの店を追い求める。

「※ローカルが行き着く先には、まだなにかがあるはず……」

彼が記録する置屋エリアのグーグル・マップを見せてもらった。ホーチミンの中心部が真っ赤になるほどピンが刺さっていた。そのひとつすら、ボクは自分の目で確かめることはできなかった。それほど多いのに、旅行者には見えない。ホーチミンの風俗店経営者は諜報機関に勤めたらいいのではないか。

※ローカルが行き着く先には、まだなにかがあるはず……
ローカルは規制などですぐに閉店や移転となり、追い求めるのは難しい。しかし、マスターは「男がいる限り風俗はあり続ける」と言い、今も日々、夜の街を動き回っている。

【南部 ホーチミン】
7区の韓国置屋で遊んでみた！

２０１５年10月以来、２０１６年はまったく女遊びをせず、２０１７年も一切女っけなし。まあ結婚しているというのもあるけど、あまり性欲が強い方ではないから自分では平常運転のつもりだった。ほぼ2年近くなにもないという話を友人らに飲みの席で言ったときにネタだと思われたり、あるカラオケ店経営者からは目を真ん丸にして「それ……え？」とマジの絶句をされた。

ここまで言われたからには２０１７年9月のホーチミン滞在はなんとしても脱童貞だと思い、あまり高くなく、かつハズレのない、初心者でも行け、そこそこに色の白い子がいるような店を探した。

ホーチミン夜遊びの先輩諸氏のアドバイスを受けつつ、向かった先は韓国置屋、あるいは韓国マッサージと呼ばれるスペシャルサービス付きの店だ。**7区の韓国人街**※の中にある。

韓国マッサージは日本人だけに通じる呼び名らしく、韓国人街にあるのでそう呼ばれる。

※**7区の韓国人街**
ベトナムはコリアンマネーが台頭している。不動産開発でも韓国企業が多い。在住韓国人もたくさんいて、彼らはわりと固まって暮らす。このときにできたと見られるのがこの7区の韓国人街で、一見団地のような佇まいだ。7区の中には日本人学校もあるようなので、外国人の居住区でもある。

7区の韓国人街は整然としている。飲食店やクラブなどもある

メンズスパや普通のマッサージ店を装っている置屋だ。施設は一応マッサージ店になっていて、そこで本番まで楽しむことができる。すべて込み込みの料金でわかりやすい。

●7区の韓国人街にゴー！

韓国人街は団地のように整然としたエリアになっていた。建物が平行に何列か立ち並ぶ区画にそれと見られるマッサージ置屋が8軒、それとは別に怪しそうな店が10軒あった。一番有名なのは、先輩諸氏が口を揃えて名前を挙げていた「**クイーンビー**」[※]。一番奥にある店だ。ボクはそこに一目散で入っていった。

韓国置屋は普通のホテルや古式マッサージ、あるいはスパといった構えをしている。「クイーンビー」も表向きはありふれたホテルのようだった。

恐る恐る入ると、女性が話しかけてくる。運よく日本語がかなりできる子だった。名前は

※クイーンビー
【名称】Queen Bee
【住所】R4-27-28 Hung Gia5, PMH, P.Tan Phong, TP. HCM, Dist.7, HCMC
【営業時間】10時～22時

ニだかニャとか。年齢は自称27歳。実際にはもうちょっと行ってそうだったが、なにより日本語ができるのならそれに越したことはない。ボクはそのまま**部屋に案内してくれるよう頼んだ**※。

ベトナムの達人たちが推薦する「クイーンビー」

「クイーンビー」の部屋は、薄汚い小屋のような置屋でしか遊んでいなかったボクからするととても清潔感があった。部屋にはバスタブ付きのシャワーがあり、部屋の真ん中にはうつ伏せ時に顔を入れるスパ用ベッドもあった。

プレイは本格的なマッサージから始まる。彼女の前職は女性向けスパのエステティシャンだったそうで、マッサージはかなり上手だった。体をほぐしてもらいながら、店のことなどを根掘り葉掘り聞いてみた。

まず、顧客は昼間は韓国人、夜は日本人が多いという。ただし、日本語対応ができる女の子はほとんどいないそうだ。※**女の子は大体30人ほどが勤めている**のだとか。

※**部屋に案内してくれるよう頼んだ**
取材だったので感情よりも実用性を優先した。後述するが、結構イケている女の子がたくさんいたので、そっちが当たればコスパはかなりいいと思う。

※**女の子は大体30人ほどが勤めている**
美人系、ギャル系といろいろな女の子がいて、確かにここが人気店であるというのは見てわかった。少なくともハズレがない感じなので、初めての場合はここを訪れるのがいいかも。

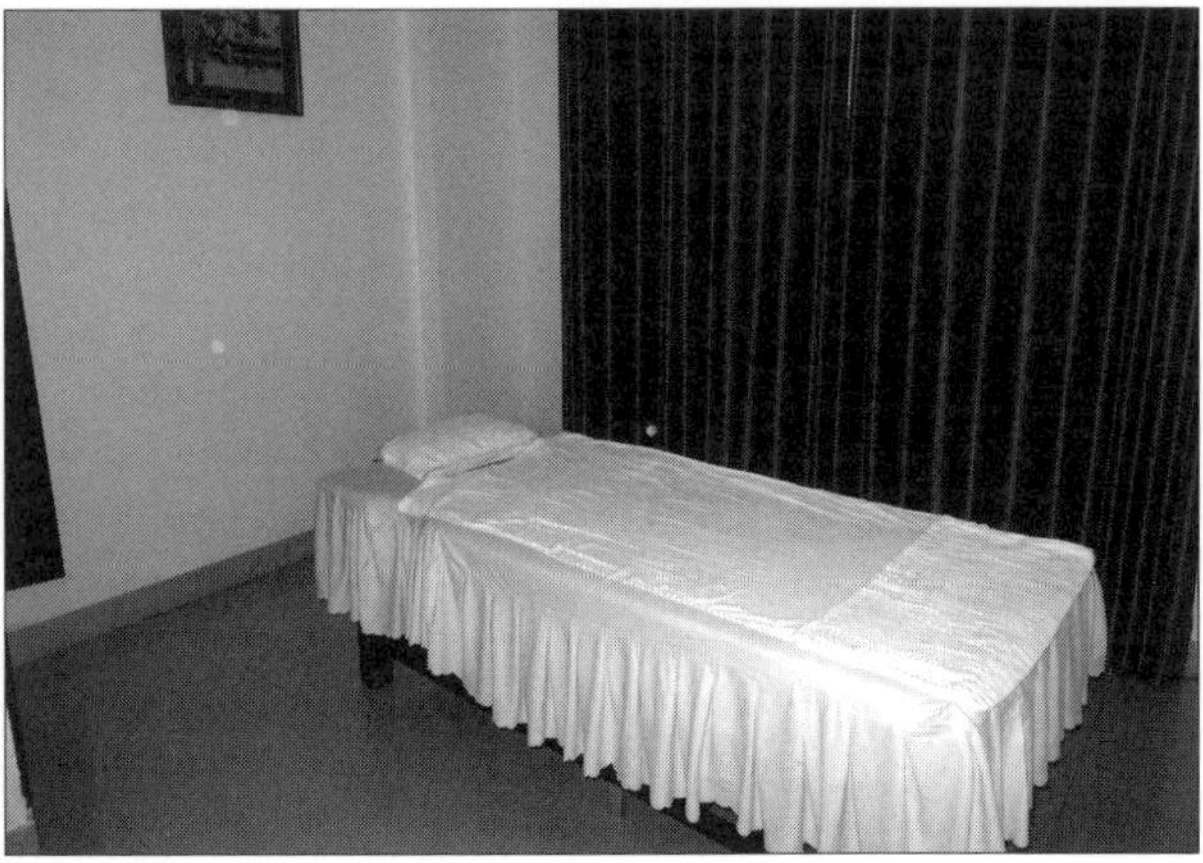

「クイーンビー」のプレイルーム。部屋の真ん中にはマッサージ用のベッドがある

料金はマッサージから本番、チップまですべて込みで130万ドン。約6200円といったところか。すべて込みというのが素晴らしい。初心者に問題なのは※**チップの相場**だ。相手からしてもここが最もふんだくるチャンス。それがこの込々ポッキリ価格でクリアできるのはありがたい。彼女たちの取り分は100万ドンで、この界隈の置屋では客は女の子を選べないとも言われているが、実際は「選べる」とのこと。人気の偏りを作らないように順番にあてがうようにしているため、客には選択権があることを伝えないのでしょう。

マッサージは素っ裸で始まる。なんというか屈辱的というか、羞恥プレイというか。※**はるばるベトナムまでやってきて**全裸になって揉まれている自分。そのうち彼女の手が股間に来て、ゴムをつけられる。その時点で彼女も服を脱いでいる。

※チップの相場
バーやカラオケで女の子と飲んだ場合は20万～50万ドン（約480～2400円）が相場とされるようだ。ただ、ボクとしては10万ドンを渡したときにバーの子に喜ばれたので、それでもいいような気もする。

※はるばるベトナムまでやってきて
職業柄もあって、ボクはふと我に返ってしまうときがある。こんなにも縁がなかったはずの異国の女性と一緒に過ごすというのは奇跡だ、と。そう考えると、なんだかその子がかわいくなってきて、また興奮するのである。

裸の彼女がベッドの横に立ち、下半身を口に含む。スペシャルが始まったのである。サービスを受けつつ、※**彼女の年相応に垂れた臀部**に触れてみる。すると彼女は笑い出した。それもくすくすという、くすぐったい笑いではなく、ほぼ爆笑だった。

「日本人ってこの体勢になるとおしりを触るよね。なんで？」

いや、なんでと申されましても。っていうか、このタイミングでそういうこと言わないで。でも、確かになんででしょう。

ある程度口でのサービスを受けると、その後……という流れだ。

「2発したい人はプラス100万ドンよ」

コトが終わって着替えながら彼女が言う。単純に倍である。でも、もっと言い方ってないだろうか。確かに金を払っているが、そういうビジネスライクにではなく、我々はもっと「愛」を求めているわけだ。※**東南アジアの風俗はこういうところが気が利かない**と思う。だいたいね、2回目の話はまず置いておいて、最初と最後のシャワーは客ひとりでってどうなのかと。なんというか、背中くらい流してほしいというか。

そうやってボクの童貞卒業は終わったのであった。下に降りたら雨がすごくてホテルの軒先で雨宿り。すると、韓国人の若者が何人か降りてきた。彼らを見送る女の子を見ると、そこそこにかわいい。なんか失敗したな。童貞には童貞なりの夢がある。ボクはホーチミンでそれを失った気がした。

※彼女の年相応に垂れた臀部
東南アジアの女性は実年齢より若く見えるが、身体に年齢が出てしまうときがある。服を着ているとまったくわからないので、ときにがっかりする。だから、というのもあって、法的にセーフな限り若い女の子がいいと思ってしまったり……。

※東南アジアの風俗はこういうところが気が利かない
男が求めているのはファンタジーもあるわけで、そこを理解してほしい。ただ、中国よりはまだマシで、最後まで一応優しさがあるのはいい。

【南部　ホーチミン】

ブイビエンのバーで受けた謎の熱烈接待

安宿街※**ブイビエン**はタイ・バンコクの※**カオサン通り**に似ている。カオサンと違うのは、女性、つまりホステスがいるバーがあることだ。全部で5~6軒。やや露出多めな女の子がいた。今回見た感じではニューハーフはいなかったように思う。

ある日の夜。宿に戻ろうとしていたところ、ひとりの女の子に声をかけられた。飲んで行けと言う。そのまま腕を掴まれて店内に引きずり込まれた。ビールも3万ドンから。カクテルは10万ドン近く。まあ相場でしょう。飲んで行くことに。

その子はミサと名乗った。23歳くらいで、ホーチミンの近くの出身。聞くとこの店で働いているものの給料はなく、ドリンクのキックバックなどが収入なのだとか。この「など」がのちに重要になるのだが、こういった給与形態はホーチミンでは普通で、水商売では女の子を拘束しない代わり、給与は払わない。摘発への対策なのかと思う。

ミサは中肉中背のちょうどいいスタイルで、性格もよさそう。レディースドリンクの値段

※**ブイビエン**
ホーチミン市内の1区にある安宿街。10ドル前後からゲストハウスがある。飲食店も多く、2017年からは週末は歩行者天国になり、さらに賑わっている。クラブやバーも多数あるが、値段は高め設定(日本円換算では安いが)。

※**カオサン通り**
タイはバンコクの西側にある安宿街。かつては日本人バックパッカーであふれ、かつ世界的に有名なバックパッカーの聖地ともされた。今はバーやパブが建ち並び、宿も軒並

は※**9万ドン**なので気兼ねなく飲ませてあげられる。
ミサはボクのことをタイプだとしきりに言った。

いつも大勢の旅行者で賑わう、ホーチミンの〝カオサン〟「ブイビエン通り」

「ミサって日本人の名前みたいだね」

「ワタシ、前は※**レタントンのカラオケ**にいたから」

だから日本人のボクを見て声をかけたわけだ。正直、こういうのはいただけない。今から始まる甘い世界に期待しているのに、ワタシの元カレを知っているでしょ、と言われてしまったようなガッカリ感。

どんな店にいたかは※**ミサの英語がブロークンすぎた**し興味がないから憶えていないが、とにかくレタントンは儲からないと言ったことだけは記憶にある。飲み代としてはレタントンのカラオケの方が断然高いはずだ。

「だって、ね?」

わかるでしょ、という感じで言うミサ。つま

み値上がり。日本人はほとんど来なくなってしまった。

※9万ドン
430円くらい。普通の飲食店で瓶ビールを頼むと2万ドン（約95円）と考えると高いのだが。

※レタントンのカラオケ
日本人向けのカラオケ店のこと。詳しくは63ページ参照。

※ミサの英語がブロークンすぎた
ベトナム人は英語ができる人とできない人の差が極端だ。できない人はハローすらわからない。

り、レタントンはあくまでもホステスとしてしか働けず、連れ出しでホテルまで行けないということのようだ。特別なチップが懐に入らない。そういうものなんだね、と適当に相槌を打った。

「だから、ねえ?」

基本的にはモテない中年のおっさんなので、当初なんだか全然わからなかったけれど、要するにホテルに行こうという誘いだ。

●ビジネスを抜きにしてボクに夢中なのでは?

「この店、連れ出しできるの?」

「うん。**バーへの連れ出し料**※込みでツーミリオン」

ベトナムのドンの単位、万単位でぶった切ってほしい。平常時はいいにしても、飲み屋で会計をすると毎回ドキッとする。しかも2万ドンが1ドルという計算も酔っているとぱっとできない。さらには、今回は**200万ドン**※となかなかの高額。勘違いしちゃうもなにも、確実に高い。100ドルってことでしょう?

この時点で7区にある韓国マッサージの料金は把握していた。すべて込みで130万ドン。女の子へのチップもそうだし、部屋代、本番とすべてが含まれての値段だ。ホテル代が別で200万はちょっと高い。

※**バーへの連れ出し料**
ミサの英語がわからなくて店の取り分がわからないが、50万ドンと言っていたような気がする。ただ、フリーの扱いなのに店に連れ出し料っていうのもおかしな話で。

※**200万ドン**
約9600円。まあ、これで若い女の子と最後までいけると考えると安いといえば安いのだが……。

どう？　とミサはボクに体を預けてくる。明日ね、と断る。それでもミサはボクから離れるわけでもなく、一緒に飲んでくれた。彼女もアルコールが回ったのか、ボクの頬に唇を押しつけ、肉感的なそのボディをも密着させてくる。そのうちボクらは店内でべろっべろに舌を絡ませることになった。※**なんだこの展開**。

ブイビエンのバー。ボクはここでまさかの熱烈接待を受けた

「あれを見て」

　店内に座っていたが、エアコンが効いていないので入り口は全開。通りをポン引きが自転車で走っていくのが見えた。

「※**あの人たちも女を紹介してくれるの**。でも、絶対について行っちゃだめよ。100万ドンとか平気でふっかけてくるから」

　いや、ボク、キミの口から200万って聞いてますけど。あいつら、35ドルって言ってたし。ミサはさも自分が正義で、彼らは悪といった顔で悪口を並べた。その合間合間に営業トークを挟む。なかなかのビジネスマンっぷりだ。

※なんだこの展開
東南アジアにおける夜遊びがおもしろいのは、こういった、自分でもわけがわからない展開でコトが進んでいくこと。だからハマってしまう人は身を滅ぼすレベルでハマってしまうのだ。

※あの人たちも女を紹介してくれるの
97ページのプッシャーたちのこと。自分を棚に上げて堂々と言っちゃうあたりもミサのかわいさだと思ってしまった自分がいた。

結局LINEを交換※して、ボクはその日は解放された。会計は36万ドン。ウェイトレスにチップをあげてほしいというので6万ドンを渡し、残りはミサに持っていかれた。8万ドンなのでそんなに高額ではないが、ふたりともニコニコしていたから相場以上なんだろう。

●なぜボクは足を運んでしまったのか

翌日、適当に町をぶらぶらしてブイビエンに戻り、近くの屋台でビールを傾けていた。ブイビエンは通りに無料のWi-Fi※が飛んでいる。とんでもなく遅くて、メールを見るのもやっとというレベルだけれど、ないよりはましだ。屋台で飲みながらスマホを見ると、ミサから「今日は連れ出してくれるんでしょ？」とLINEがきた。しっかり憶えていやがる。

行くわけないでしょうと返すと、あんたなんか大嫌いといった英語が返ってきた。そこでやめておけばいいものを、あのときのボクはどうかしていた。酔いもあったし、前日のあの唇の感触にたまらなくなって、「飲みに行くだけじゃだめなの？」と返していた。そして、またノコノコとあの店に行ってしまったのだ。

そもそもブロークンな英語しか話せないミサだ。もしかしたら200万ドンと言ったのも間違いで、本当は20万ドンなのではないか。それだったらホテルに行ってもいいかもしれない。普通に考えればあり得ないのだが、色に惑わされた男は正常な考え方ができないものだ。

ミサは満面の笑みで迎えてくれる。こういうのっていいよね。知らない土地で、知ってい

※**LINEを交換**
ベトナムでもLINEは当たり前に使用される。むしろナンパや夜遊びのためには積極的に利用していきたい。ほかには中国のSNS「ウィーチャット（WeChat）」も利用率が高いとか。

※**無料のWi-Fi**
ベトナムの無料Wi-Fi事情は日本のそれよりもずっと進んでいる。飲食店や商業施設はほとんど導入していて、パスワードを店員などに教えてもらって利用できる。だから、旅行者用のSIMやポケットWi-Fiを用意しなくても問題ないレベル。さすがに重いファイルは難しいが、メール確認やウェブ閲覧は問題ない。動画は電波の強さによる。ブイビエン通りの無料Wi-Fiはさすがに動画は見られない。

る人ができるってのは本当に楽しい。そうしてボクらは一緒に飲んだ。※**ウェイトレスが果物を持ってくる**。いらないと言ったが、ミサが食べたがった。値段を訊いたら、「フィフティーンサウザンド」といった。「１５０００？」とスマホで打つと、そうだと言った。

ボクらはまた唇を重ねる。もう一度、もしホテルに行くとしたらいくらだっけと確認した。

「スリーミリオン」

１００万増えているし！ さすがに彼女も商売人だ。そこは間違えていなかったんだな。

ビリヤードで大盛り上がり。ノリがよくて楽しかったんだけど…

●やられたのかどうなのか……？

彼女が2杯目を頼んだときに、客のつかない友だちも一緒にいいかと言った。案外かわいい子だった。連れ出ししないし、少しはミサのために金を遣ってあげてもいいかと3人で飲み、※**ビリヤードをした**。ミサは4杯飲み、さすがに高額になるなと、帰ることにする。

※**ウェイトレスが果物を持ってくる**
いろいろ総合しての話だが、ベトナムの水商売における果物提供は地雷だと思う。ベトナムは南国なので果物が高くない。しかし、水商売の果物セットは高額になる。いくらでも値段のつけようがあるからだ。そもそもこのときの果物は南国特有の硬い、オレンジ色のメロンだけだった。

※**ビリヤードをした**
ルールはエイトボールだった。タイも同じで、東南アジアではエイトボールが主流のようだ。

ここからだった。ミサのどうしても一緒に行きたい攻撃が激しくなる。唇がボクの顔をつきまくる。楽しいんだが、300万はないよ。それで断固断った。

「じゃあ、もういい！」

ミサは怒ってやっと会計になった。レシートを見ると300万ドン超の料金があった。やられた！　**果物が150万ドン**※になっている。ミサとその友だちもそれぞれ10杯ずつ飲んでいるし。さすがにこれは大口論。ボクが暮らすタイは銃社会なのでこんなときは非常に危ないが、ベトナムならせいぜいぶん殴られる程度。怖いことはない。結果、なんとか果物の請求は退けたが、ドリンクは証明できず、130万ドンを支払う羽目になった。くそっ。

ところが後日談がある。

46ページで紹介した置屋マスターのヨネさんに何気なくブイビエンのバーのことを訊ねた。ミサの話ではなく、あくまでもああいったバーをどう思うかといった体でだ。すると、確かに連れ出すと高い、と言っていた。だから、ミサは特にボッタクリをしていたわけではない。まあ、それはわかる。ただ、そのあとに氏が言った言葉。

「でも、オレはバーは行かないよ。レタントンのカラオケもそうだけど、キスはもちろん、脚とかも触らせてくれないからね。つまらないんだよ」

え？　あれ？　どうなってるんだ？　ボク、ミサとべろべろにチューしてるんですけど。なに？　あいつ、**結構いいヤツだったのかも**※？

※**果物が150万ドン**
最初に15000ドンと言っていたので実に100倍。7200円が7200円はやり過ぎでしょう。

※**結構いいヤツだったのかも**
そんなわけはない。いいヤツが100倍のボッタクリをしてくるはずがない。

【南部 ホーチミン】
「日本人カラオケ」はオトナの社交場

ホーチミンにはレタントン通りという、日本人向けの店が集まった地域がある。表通りだけでなく、裏路地の**ヘム**※にもたくさんの飲食店があった。

レタントンで目立つのは飲み屋とマッサージ店だ。ベトナムで風俗店は派手に営業しない。マッサージは古式マッサージ、要するに普通のマッサージだ。噂では店内で※**お手々を使ったサービス**もあるらしいが、基本的には健全なものだ。ネオンが派手だったり、女性がセクシーな服を着ている店はまさしくエロい店の典型だが、ベトナムの常識では真逆で、その見分けは難しい。

だから、初心者は特別なサービスを求めて、わりと真剣に店員にそういったことを聞くのでしょう。レタントンのあるマッサージ店のガラスには「当店は性的マッサージはしていません」というような張り紙があった。レタントンは日本人在住者も多く、その子どもたちもその辺りを通る。これどういう意味？ なんて訊かれたら困るので、現地在住の家族が頭を

※**ヘム**
ホーチミンにおける裏路地のようなもの。かつては地元民しかいなかったが、近年になって旅行向けの店もできている。詳しくは１０１ページ参照。

※**お手々を使ったサービス**
ボク自身はあまりマッサージにも、いわゆる手コキにも興味がない。だからレタントンのマッサージは未体験だが、聞いた話では通常のマッサージ代とは別に女性に50万ドンを払うのが相場なのだとか。

レタントンは夜遊びだけでなく和食店も豊富。日本食に飢えたら行きたい

抱えそうな注意書きである。

数年前、ボクがまだバンコクで会社員をやっていたころに出張でハノイに来た際、出張先の駐在日本人に聞いたところ、

「駐在員として派遣されてカラオケ店で知り合った女と結婚する人、結構多いです」

ということだった。タイやフィリピンだと欺されている感が半端ないけれど、考えてみれば、表向きには売りをしていないということは、※**そういった店の子もいわば素人**。ある程度は安心できる出会いなのかもしれない。ベトナムの夜の店には夢がありそうだ。

日本人向けのカラオケ店もわりと健全で、※**基本的には連れ出しはない**。中には時間外に客と連絡を取ってホテルに、という子もいるそうだが、店側が連れ出し料を受け取って斡旋するようなことはない。

だから、カラオケ店の子も素人同然だ。逆に言うと、素人だからプロの接客も期待できな

※**そういった店の子もいわば素人**
ハノイにおいてはタッチすらできなかったので、本当に素人の感覚。確かにこれだったら結婚できそうだと思ったものだ。

※**基本的に連れ出しはない**
一応これが、ベトナムの夜遊びにおける大前提。これ以上を求める場合はある程度リスクを承知で遊ぶことになる。

い。店内でのお触りもほどよくというレベルで、日本のキャバクラと大差ない。だからなのか、ボクのイメージだが、クラブのようなカラオケ店よりも※**スナックとかガールズバーの形式の店が増加**した。その方が変に期待もしないし、安心して飲めるのかなと感じる。

ベトナムのホステスがいるカラオケはローカルも含めて、※**セット料金**が多い。1時間30ドルくらいからあった。

ひとりで行く場合、特に観光で一見の場合は、30〜50ドル程度の店をハシゴする方がいい。システムや料金は店の呼び込みに聞けば教えてくれる。今回、何人かに声をかけてみたが、みなそこそこ日本語ができるのでハードルも低い。この遊びやすさが、レタントンの魅力でもある。

ガールズバー「BAR男座」の女の子。日本人好みのかわいい子がたくさん！

●無料案内所もあるレタントンのカラオケ街

レタントンはヘムの奥にまでカラオケ店があ

※スナックとかガールズバーの形式の店が増加
こういった店はいくつもあるが、オススメは日本人の超美人姉妹がレタントンに出しているスナック&ガールズバー「BAR男座」。
【店名】BAR OZA
【住所】8A/2B Thai Van Lung, Ben Nghe, Dist.1, HCMC
【HP】https://www.facebook.com/ozahcmc/

※セット料金
時間制ではなく、時間無制限というのもある。これは大人数で行ったら相当楽しい。80ドルとか100ドルくらいはするが、何時間でも飲めるというのはなかなかいい。

ホーチミンの街中に突如現れる「無料案内所」の文字

り、すべてを周るには7夜あっても足りない。
そんな中で指針のひとつになるのが**無料案内所**※だ。レタントンには少なくとも2軒の無料案内所があった。そのうちの1軒に入ってみると、日本語の上手なベトナム人がいた。

　レタントンの案内所は日本のように凝った案内が置いてあるわけではなく、店の写真が適当に飾ってあるだけだった。写真の隅に店名とドル建ての料金が書かれている。これが1時間なのか無制限の飲み代となる。ただ、その辺りにいる呼び込みの兄ちゃんに直接話を聞くと、そちらの方が安い。たぶん、案内所に店が払う手数料をそのまま料金に乗せているのだと思う。

　噂ではこの無料案内所は日本の悪い人たちがやっているというのもあった。それも巧妙にベトナム人などを表に立てて、黒幕本人は裏に隠れたまま名前も出てこない。そんなことを現地在住の日本人に聞いた。それでボクもその案内所にいるベトナム人に話を訊くと、経営者

※無料案内所
日本の歓楽街で見かけるあのシステムで、そこにいる係員に話をすれば店を斡旋してくれる。

はシンガポール人だと答えた。シンガポールからのビジネスマンもホーチミンには少なくないということで、あり得ない話ではあるが。

ネットで調べるともう1軒は日本人経営だという。評判も上々の様子。確かに、単独で行くと手数料は取られないが、万が一悪質な店に当たった場合、誰にも助けを求められない。無料案内所を通せば、責任を取ってくれるかどうかは別にしても、どんな人物がいつ店に行ったかということがわかるので、双方が悪いことはやりにくくなる。10ドルくらい乗せられたとしても、保険料と考えれば安いものなのかもしれない。

ところで、なぜ案内所や呼び込みの彼らはあんなにも日本語がうまいのか。シンガポール系という案内所の兄ちゃんに訊いた。

「**日本に留学**※して、日本語を習得しました」

かなり流暢で、通訳とかもできるのではないかと思うくらいだ。第一、この物価水準の国から日本に留学するなんて、実家は並大抵の経済力ではないのでは？ そういうと意外な答えが……。

「国の留学ですよ。日本の農業を学びに行きました」

全然学んだことが役に立っていないよね。そう言うと、彼はへらへらと笑った。

※日本に留学
ベトナム人の日本への留学や就職が増えているが、残念なことにベトナム人による日本国内での軽犯罪も増加しているのだとか。渡航が増えているのは、日本でベトナム人を斡旋する人材派遣会社がベトナムに支社を出し直接人集めをしているからだ。ベトナム人の中には日本で働けば金持ちになれると思い込んでいる人が少なくない。そんな人を集め、保証金として数千ドルを捻出させる。保証金は2～3年、契約を全うすれば返金すると約束するが、劣悪な環境で働かせられ、誰も満期までもたない。これで安く人材を確保でき、かつベトナム現地の斡旋所も儲かる仕組みになっている。

【南部　カントー】

カントーはベトナムの性地だった？

どの国にも共通するのは北は美人の産地的な言い方。日本なら秋田美人。ベトナムはハノイのほか、中国国境に近いエリアに多いという。そうなったら地球最高の美人の産地は北極なのではないかとさえ思える。

一方でベトナム人が性格悪いと見ているのはタインホア省出身者なのだとか。ベトナム人は※**中部出身のベトナム人を悪く言う傾向がある**らしい。

まあ、どこにでもそういったレッテル的な地方性はあるものだが、それで言うと、ベトナムの水商売の女の多くが※**カントー**出身なんだという話もある。これも多くの人に聞いた情報だ。どういうわけか、このメコンデルタのカンボジアに近い地域の女は水商売に励むらしい。

そんな話を聞いたら黙ってはいられないじゃないか。もしかしたら当地においてはもっと美しい子がいるのかもしれない。そんなことをベトナムに詳しいある人物に聞いてみたところ、カントーにも遊べるスポットがある！　と言われた。

※中部出身のベトナム人を悪く言う傾向がある
それでいうと、ベトナム人が尊敬するベトナムの父ホー・チ・ミンは中部出身なのだが……。

※カントー
ベトナム南部のメコンデルタ最大の街で、ホーチミンから西に約160キロに位置する。カンボジアが近く、かつてはクメール王朝の一部だったので、カンボジア系の住民もいる。観光で有名なのは水上マーケットなど。

それは市街地のちょっと外れた地域で、若者が集まるパブやレストランが密集しているという。この人物もそこをみつけたきっかけはネット情報だという。ただ、カントーのナイトライフを検索をしても日本語ではまったく情報がなかったそうだ。そのため、**英語で調べ直してみた**※ところわずかに情報があり、一度だけ足を運んだという。彼曰く「かわいい子、結構いました」だそうだ。

ボクもカントーに向かい、教えてもらった場所へと意気揚々と乗り込んでみた。

カントーの夜の憩いの場にもまたホーチミン像がある

●目指すは若者集まる新市街

市街中心から大きな橋を渡り、巨大なロータリを**カジノのあるホテル**※の方に入っていく。するとぽつぽつとシーフード料理店や安そうなパブが現れた。そんな通りを抜けると辺りは大きめなホテルなどが立ち並ぶエリアになる。ここを歩いていると早速呼び込みの兄ちゃんが声を

※**英語で調べ直してみた**
英語で赤線地帯を意味する「red light district」と打ち込むと、案外ベトナムのナイトライフ情報が検索できるようである。

※**カジノのあるホテル**
ベトナム国内にはカジノを併設するホテルが少なくない。ハノイやホーチミンなどそこそこに大きな街やリゾートには必ずある。ドレスコードに気をつけ、外国人であることを示すためにパスポートを持参すれば、宿泊者でなくても入場可能だ。

実際のスペシャルありのマッサージ店は撮影拒否。隣のマッサージ店を撮影した

かけてきた。

「女いるよ。20万ドンだ」

表向きはマッサージ店と書いているが、実際にはエロいサービスがある。

それにしても安い。よくよく聞いてみれば、マッサージと特別サービス込みの場合は70万ドン。この料金は実体験した人の情報と一致するので、この辺りの相場であろう。ただ、そこは※**怪しげな雰囲気**だったので、入るのはやめておいた。

辺りにはそういった怪しいマッサージ店がいくつかあった。教えてもらったところも確かにあったが、正直これはという子がいなかった。

教えてくれた氏は絶賛だったが、こういうのはタイミング。一度逃したらもう二度と出会うことのない※**ハイパーマッチングタイム**なのである。30代後半の女性向けの婚活パーティーよりも命がけで出会っていかなければならない、男の戦いでもある。日本なら風俗嬢もプロ意

※**怪しげな雰囲気**
ベトナムは治安がいいので、よほどのことがない限り、少なくとも命の危険はないのだが、本文で後述するように、プレイ内容に興味が持てなかったのもある。

※**ハイパーマッチングタイム**
極端に言えば、今は史上最低の店と思っても、5分後に来たら史上最高の店になっていることもある。それくらい、アジアの夜遊びはタイミングが大切だ。

識を持ってがんばるが、東南アジアの水商売にプロフェッショナルはまずいない。ほぼバイト感覚。**店のママも女の子がいなくなると困る**※のであまり強気に怒ることもない。だから、なおさら彼女たちは自由で束縛されない。そのしわ寄せは全部客に来て、いい日と悪い日の差が激しいのだ。

また、ボク自身がイマイチと感じてしまったのは、カントーには本番サービスはないという点だった。いずれの店もいわゆるヌキ専で、口か手で抜いてくれるというサービスしかない。よくよくカントーに詳しい人に再確認してみたらその通りだった。たぶんかわいいとか水商売の女の産地という言葉に舞い上がって、ボクはなにも聞いていなかったようである。

人によっては違うだろうが、ボク自身は手や口でされることになんの魅力も感じない。それだったら自分でやった方がいい。口はさすがにできないけれども。

だから、結局料金やその様子を見るだけに留め、なにもせずにカントーの夜は終わった。

わざわざホーチミンまで行った上でカントー行きのバスに乗る。しかも夜遊びを目的に来たというのに、一連の行動に伴った労力を無視し、あえて目的を外す。これ、逆に贅沢なのではないかとさえ思えた。

※店のママも女の子がいなくなると困る
やはりどんな店でも若い女の子が来れば、男も集まる。だから、店も女の子を確保するために必死で、客をないがしろにしてでも女の子を大切にする

【南部　ホーチミン】

なぜかたどり着けない空港そばの置屋

ホーチミンの夜遊びは充実していながらも案外情報が錯綜している。ネットで見ていても、例えば「**空港**※近くの韓国床屋が……」などといった投稿があったりするが、実際にはそれは単に床屋に扮した置屋であり、「韓国式」の床屋ではない。韓国式のものはマッサージで、それは51ページで紹介している7区の韓国人が多い地域にある。おそらくそれと混同している、ということを言っていた人がいた。あくまでもローカル向けの置屋が**ローカルの床屋**※を装っているだけだそうだ。

ネットではベトナム国内にある無料誌のサイトや、ベトナム在住ブロガーによるローカルニュースが翻訳で掲載されている。そういった記事を読んでいると、2018年上半期だけでもホーチミンではかなりの数の風俗店が摘発されている。なんでも揃ったように見えるベトナムもやはり社会主義国。そういった方面の取り締まりは厳しい。

店側も摘発を逃れるためにあの手この手で対策を練る。そもそもベトナムは夜10時を過ぎ

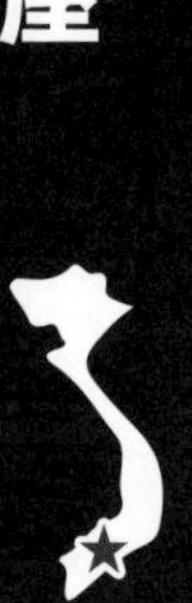

※空港
ホーチミンの空の玄関口である、タンソンニャット国際空港のこと。2007年から運用が開始された新国際線ターミナルは、日本のODA援助で建設されたもの。

※ローカルの床屋
床屋を装った置屋なら80万～100万ドンで遊べる。ブイビエン通り近辺のセクシーな格好の女の子たちがいる床屋は派手ながら本当に床屋。ある日本人が200万ドンで交渉したが断られたとか。

たら未婚の男女が同じ部屋にいてはいけないという法律がある。**ドイモイ**※で経済が資本主義のように回り始めていて、いろいろなことがオープンになっている。一方で、いつでも取り

ホーチミンの空港は街外れにあるので、ハノイよりも市街地へアクセスしやすい

締まれるように古い法律も残す。実際、在住の日本人で※**夜10時以降にベトナム人女性と一緒にいて警察に拘束**されてしまったという人も少なくないし、宿泊施設の多くが特にベトナム人女性と未婚の状態だとチェックインを拒否する。

　そうなるとベトナムでは置屋やマッサージ店が最も手っ取り早い性の処理方法になる。つい数年前まではホーチミンならハイバーチューン通りにビアオムがあった。オムは抱くという意味で、ビアバーの形式ながら売春もあるという店だったが、２０１７年時点ではほぼ壊滅したようであった。現在だったら7区の表向きはマッサージ店として営業するところや、冒頭の空港近くに点在する置屋が代表的な遊び場になる。だが、これも結構難しいとも聞く。

※**ドイモイ**
1986年のベトナム共産党第6回党大会のスローガンで、刷新という意味がある。社会主義を保ちながら、経済的には市場を開放していくもの。これによって、滞在中にベトナムが社会主義国であるということを忘れるほど、街は活気づいていた。

※**夜10時以降にベトナム人女性と一緒にいて警察に拘束**
旅行者で拘束された話はまず聞かない。というのは、一般的なホテルは女性を連れ込むことができないし、しっかりしているところだと夫婦であっても婚姻関係の証明書を提示しないと同じ部屋に宿泊できないことが多いからだ。

46ページで登場した置屋マスターのヨネさんは「タンソンニャット空港近くの置屋は確かに有名だけど、旅行者が気軽に行けるものでもない」とばっさり切り捨てる。取り締まりに遭ってしまったり、摘発を避けるために一定期間ごとに移転する。そうなるとどんなウェブサイトでも常時情報が古い状態が続く。よほど精通していないと辿り着けない。それに、一見さんには置屋ですとは言わない。初めてだとそう簡単に店に入れてもくれないようだ。

●実際に目の前に行ったにも関わらず……

タイはバンコクでホームレスとして一時期生活をし、日本のテレビに取り上げられたことのある**ふくちゃん**※という男がいる。彼はとにかく値段重視の風俗店巡りが好きで、偶然同じ時期にホーチミンに滞在していた。そのときは会えなかったが、情報交換時に興味深い話を聞いた。

ふくちゃんも当然ベトナム語は話せない。しかし、人間、欲望を満たすためにはなんだってやり遂げてしまうものだ。彼はどうしても空港そばの置屋に行ってみたくて知恵を振り絞った結果、バイクタクシーに一任することにした。実に賢いやり方である。地元民なら高確率で情報を持っている。特にバイクタクシーなら。

ちなみにベトナムだけでなく東南アジア全般で共通するのが、性行為をブンブンということだ。パンパンという腰を打ちつける擬音がそうなったのかと推測する。だから、ふくちゃ

※ふくちゃん
バンコクをサブカル的に見ている人には超有名人。ただ、2016年より諸事情により静岡を中心に活躍中で、年に数回、バンコクやベトナムなどの海外に出没する。妙にマニアックなところを周るので、裏の歩き方取材時には情報交換できるありがたい存在である。

ふくちゃん近影（本人提供）

んはブンブンとかそういった単語を駆使してバイクタクシーに自分の欲望について語った（というのはボクの想像で、実際にどう交渉したのかは知らない）。

バイクタクシーも男だ。ふくちゃんの言っていることを理解して、空港に近いエリアの置屋に連れて行ってくれたようだ。店の前でもバイクタクシーの運転手は置屋だと断言したそうだし、店頭でも店員がそれを認めていたようだった。ふくちゃんの戦略勝ちであっという間に置屋に辿り着いたようだった。

ところが、それで終わらなかった。120％、そこが置屋だと確定しているのに、店の人はふくちゃんを拒否したという。ここにそんな女はいない、とまで言われたようだ。

一見さんはどんな素性だかわからない。もしかしたら公安の手先かもしれない。ベトナムでは情報統制が常時実施されている。下手に逮捕されれば、たとえ官憲に殺害されたとしても、家族でさえ事実を知ることはできないという。知ったとしても真実は闇に葬られる。つまり、※**ベトナムでは逮捕は死も意味する**。だから、目先の利益に目を眩ませて一見を入れて下手を打ってしまうよりも、常連だけを相手にした方がいい。

そこに甘い甘い果実が実っていても、持ち主がないと言う以上、こちらにはどうすることもできない。だからベトナムは風俗店巡りはそれだけで裏歩きのひとつになってしまう。

南ベトナムにおける風俗巡りは修行だ。ただ、いつも思うのだが、誰だって最初は一見さんである。どの段階で一見でなくなるのか。

※**ベトナムでは逮捕は死も意味する**
これは思いっきり大袈裟に言っているだけで、実際にここまで厳しいことはないのだが……。たぶん、怪しい風体の外国人であるふくちゃんが普通にイヤだったのだろう。

【南部　ブンタウ】

音フェチが悦ぶブンタウの特別プレイ

その話を教えてくれたN氏は※**ブンタウ**を「熱海みたい」と評した。確かに行ってみれば熱海という例えがしっくりとくる。世界中に都会から近く、海辺で、リゾートでもあり夜遊びも充実しているところはいくらでもある。だが、そんなすべてを掻き分けて、熱海が浮上してくる。ブンタウはそんな町だ。

N氏が話したこととは、こんな話だった。

「ブンタウにお湯フェラがあるんですよ、知ってます?」

知るわけがない。そもそもブンタウに行ったこともない。だからシーフードを食べるついでに寄ってみようと思ったのだが、残念ながら実際に足を運ぶことができなかった。バイクタクシーの運転手も知らなかったし、※**その時点で場所まで聞いていなかった**からだ。

あとでわかったことだが、お湯フェラがある店は、ホーチミンからの高速船が着く船着き場のわりと近くだった。あるホテルに併設されたマッサージ店だったのだが、ボクは知らず

※**ブンタウ**
ホーチミン市民のビーチリゾートともされ、市内からは高速船で行ける。シーフード店が安く、がんばればホーチミンから日帰り旅行も可能。

※**その時点で場所まで聞いていなかった**
ライターのくせに人の話をあまり聞いていなくて、ときどきこういった初歩的ミスをやらかす。ただ、それも東南アジアの旅によくある予定通りにコトが進まないもののひとつだと思い、基本的に反省はしない。

に滞在中3回はその前を通った。無知というのはときにもったいないものである。

さて、そもそもお湯フェラとはなんだろうか。サウナのように温めることで血行をよくするなどの効能があるのだろうか。医学的な見地で開発された、世界最先端のサービスなのかもしれない。そんな期待に胸を躍らせつつ、再びN氏に話を聞いた。

ビューポイントから見下ろしたブンタウの街並み

「店の外観を撮ろうとしたらものすごく怒られましたよ。しかも、ちゃんと消去したことを確認してましたし」

勝手に写真を撮ると注意される※ことは確かに増えた。それでも、ちゃんと消したかどうかまで確認するケースはあまり聞いたことがない。軍事施設ならあるかもしれないが、普通はそこまではしないものだ。よほどお湯フェラがすごいサービスなのか、それともよほど違法性があるのか。

※**勝手に写真を撮ると注意される**
最近はSNSやネットの発達で、東南アジアにおいても口コミによるバッシングや炎上、プライバシーの侵害を恐れるようになっている。だから、かつての古きよきベトナムのように、なんでもありではなく、利害を考えた上で写真撮影の許可を出すようになった。いいことではあるのだけれども、なんかそれはベトナムじゃないよ、なんて思ってしまう自分がいる。

この辺り（※）にそのお湯フェラの店があるのだという

●丸見えの上、ムードもなにもないプレイ

　いよいよお湯フェラ店の内部へと話は進んでいく。※**表向きはマッサージ店で、店内もマッサージ店らしい様相**だそうだ。

「一応個室みたいになっているんですけど、壁というか仕切りがあるだけ。しかもその仕切りがガラスなんですよね。隣が丸見え状態」

　古きよき日本の風俗、ピンサロだって前後左右の人からは見えにくくする配慮はあったはずだ。それがあえてガラスとはなかなかレベルが高い。場末の古式マッサージ店のようなカーテンなら、音は聞こえど見えはしない。ガラスなら見えるし聞こえる。超薄消しモザイクと同じで、ここまでくればなくてもいいじゃんか、というレベルだ。N氏に同行したという人からはN氏が下半身をボロンと出して、立派なアレを天に向けていきり立たせている隠し撮りを見せられた。店外よりこっちの方がよっぽど問題のある写真だ。

※**表向きはマッサージ店で、店内もマッサージ店らしい様相**
店内のガラス張りも、結局造りをしっかりしてしまうと取り締まりの対象になるので、あえてそこはこのままでとなっているのかもしれない。そういえば数年前のハノイでカフェオム（ヘルスみたいな店）に入ったら、仕切りの板は低いし、カーテンは閉まらないしでほぼ丸見えだった。

※**この辺り**
高速船の船着き場周辺で非常にわかりやすいが、おそらく日中は営業していない。ホーチミンと違い、ブンタウにおいてバーなどアルコールが飲めそうな店は昼間は一切営業していなかった。

そしてお湯フェラの核心に迫る。お湯に浸したタオルなどでイチモツを蒸すのだろうか。

「いやあ、簡単なもので、お湯を口に含みながら咥えてくれるってだけでした」

え？ でも、その快楽は普通の口淫よりもいいのでは？ 温かく、女性に包まれているような感覚というか。

「まあ、それはいいのかもしれないですけど、お湯を口に入れて咥えるんで、ボボボボって音がすごいんですよ」

エロビデオであればドアップで咥えているシーンが映されているような音なのか。特に日本人はマニアックなのが好きだし、楽しいと思える人もいるかもしれない。音フェチというジャンルがあるならば、そんな人のためのプレイなのかもしれない。

「それで少し咥えると、**ブエエってそのお湯を吐く**※んですよ、床に。雰囲気もなにもないですね」

な、なんか、すごい、ですね……。お湯で温めることで逆に雑菌が繁殖していそうだ。いろんな男の雑菌が自分のモノに集まってしまうのではないか。そんな気がしてしまう。しかもムードもない上に本番もなし。**それで150万ドン**※。高いな。ブンタオの旅行ついでならいいが、これ目的でのブンタウ訪問はちょっと厳しい。

※**ブエエってそのお湯を吐く**
ベトナムはこういうのが多い気がする。プレイとして咥えてくれたりなどをしてくれるのはいいが、行為のあとに「ウエエエ」って嘔吐くこともしばしば。余韻もなにもない。

※**それで150万ドン**
約7200円。ホーチミン7区の韓国マッサージ店で130万ドンなので、どうしてもリゾート価格になってしまうようである。ほかにもバイクタクシー曰くスペシャルプレイがあるマッサージ店も130万～150万ドンと言っていたので、この価格が相場になる。

【ベトナム全土】

ベトナム人向け売春サイト指南！

ハノイにも**夜の世界に精通した日本人**※がいる。その人物に夜遊びのテクニックを伝授された人からあるサイトを紹介された。いわば、ベトナムの風俗サイトで、ベトナム語ができることが前提になるが、ネットで簡単にプロ系の女性の連絡先を知ることができるという。

そのサイトは「**danchoi.xxx**※」という。

主にハノイとホーチミンのプロのお姉さんの連絡先がわかるのだが、サイト自体はベトナム語でやや難しい。コツはベトナム語で売春婦といったことを意味する「GaiGoi」。サイトの上部に「GaiGoi」とあるのでそこをクリックすればいい。声調記号は無視しているが、アルファベットなのでわかるかと思う。「GaiGoi」のあとにハノイ（HA NOI）とホーチミン（SAI GON）とあるから、利用したい地域をクリックする。

次に表示されたページをスクロールしていくと、今度はエリアが出てくる。これはマップなどを参照に見分けてもらうしかない。ここではハノイの旧市街近辺の**ホアンキエム区**※で見

※**夜の世界に精通した日本人**
彼はハノイで普通の仕事をしているのだが、ライフワークで夜を歩き回っている。46ページのヨネさんが置屋マスターなら、この人物は北のナイトハンターである。

※**danchoi.xxx**
ベトナムのアダルトサイトなので、くどいようだがくれぐれもご利用は自己責任で。
［URL］http://danchoi.xxx/

てみることにする。ホアンキエム区は「Quan Hoan Kiem」となるので、ほとんど英語読みでもわかるかと思う。すると、その地域で連絡の取れる女の子の写真や電話番号が出てくる。

「danchoi.xxx」のトップ画面。左の矢印がハノイ、右の矢印がホーチミンだ

各項目の頭に赤字で数字とkがある。kは1000の単位を意味するので、例えば500kとあれば50万ドン、1000kは100万ドンとなる。女性はハンドルネームで登録されていて、その帯をクリックすれば電話番号やその女性の写真を見ることができる。ほとんどがヌード写真を掲載しているので、ベトナム人のセンスとして眺めているだけでもおもしろい。

サイト自体はベトナム語なので、完全にベトナム人向けといってもいいかと思う。女性もまあきれいな人が多いが、ベトナム人好みというか、ちょっと**韓国系の派手なイメージ**※がある。印象では値段が高い子はスタイルがよく、ゴージャス系になる。安いとやっぱり垢抜けないというか、おばさんじゃないの？　というのがあ

※ホアンキエム区
路線バスで行き先にホアンキエムとあっても、ホアンキエムは区としては広いので、どこに着くかまで確認しないと大変な目に遭う。このサイトの場合は旧市街を指していることが多いので、待ち合わせはホアンキエム湖周辺にしたいところ。

※韓国系の派手なイメージ
ベトナムは今でもポップミュージックでは韓国が人気。女性も韓国のモデルのようなムチッとした肉感的なのも好きなようだ。ただ、一般ベトナム人女性はわりと細身が多い気がするが。

る。まあ、最近は写真も容易に修正できるわけで、期待しすぎるのはやめておこう。そもそも絵的なセンスが日本人とは違っているので、写真だけを見てテンションは上がらないとは思う。

とはいっても、写真を見るとみんな乳首がピンクだったりしてホントかどうかはわからないが、ボク的には興味深い。ボクはどんなスタイルであれ、いい乳首をいつも求めているからだ。その観点からすると、いい女は結構このサイトにいるとは思う。

あとは待ち合わせなどが問題だ。言葉の壁は高い。相手が英語ができないと厳しすぎる。おそらくプレイ内容も含めて、そういったことはプロフィールに書いてあると思うので、本気で女探しをしているなら、ネットの自動翻訳サービスを使ってみてはいかがだろうか。

ちなみに、グーグルの自動翻訳を使ってある**女性の記載内容**※を訳すとこうなった。

『サービス：吸う、ボールの柱を舐める、ティと他のものを舐めることが違いますが、違いはすぐに射精したいものです』

このサイトはやはり人が多い繁華街の方が登録が多く、高い傾向にある。ハノイではホアンキエムなどだし、ホーチミンでは**1区**※の近辺だ。使い方としてはそれほど難しくないので、興味のある方はぜひ自己責任でどうぞ。

※**女性の記載内容**
ま、言いたいことはなんとなくわかる気もするが。まさか実際にベトナム語がこれだとしたら、相当頭の痛い女で、英語が通じるか通じないかなんて些細な問題になる。

※**1区**
安宿街のブイビエンもそうだし、日本人が多いレタントンもそう、高島屋があるし、ホーチミンの銀座であるドンコイも1区。要するに外国人向けの大都会が1区になる。

【第二章】ベトナムB級脱力紀行のススメ

詳しい地図はこちら！

http://bit.ly/2rEVCuW

これが本当のベトナムだ！
ベトナムB級スポット案内★

人が旅先で求めるものは、いろいろと理由をつけたところで、最終的には「思い出」を手にしたいと考えているのではないか。日本では見ることのできない風景や感動、驚きを体験し、それらを持ち帰る。

その点で言えば、ベトナムはすべてを取り揃えている。観光地の風景、飲食店の雰囲気、ベトナム人たちの行動。ベトナムはどこに行っても、どの角度から眺めても、見るものすべてが珍しい。特に日本人では考えも及ばないような行動をベトナム人たちは繰り返す。それによってベトナムのすべてがまるで喜劇のようになる。普通のコンビニ、裏路地、市場、橋、バー、遺跡。すべてがB級サブカルの域に昇華しているのだ。

取材をするという目線で街を歩くとしよう。それが例えばシンガポールやバンコク、香港や東京辺りなら、なにかを拾い上げようと目を皿にしていなければ、いいものはみつからないだろう。しかし、ベトナム国内なら1秒ごとになにかが起こるほどで、すべてを見逃さないようにしようとしたら、たちまち脳内の記憶力がメモリ不足に陥る。それくらいにベトナムはハプニング大国でもある。

あるエリアは治安が悪いと聞いて、実際に行ってみた。ある場所では麻薬の売人と話をしてみた。裏路地が発達していて、表通りよりもずっとおもしろかった。急に普通の観光をしてみたりもした。市場で堂々とアンティークものを「こっちが本物で、こっちがニセモノ」と言ってのける人に会った。「橋が観光名所？」と驚いた。英語がわからないのに英語で話しかけてきた人がいた。絶景が見られると聞いた鉄道の窓がひどく汚れていて絶景どころではない。ある町ではストーカー扱いされそうになった。

ベトナムの各地を大ざっぱに巡っただけなのに、これだけの体験をした。それもわりと普通の観光スポットで、である。

●表を歩いて見える〝裏の顔〟

ベトナム北部の正統派の観光スポットはハノイの旧市街

ベトナム中部の観光地の王道「ホイアン」。王道には王道のよさがある!?

や、ベトナムでは「ホーおじさん」と親しまれるホーチミンに関係した博物館、本書では扱っていないがベトナムの松島とも呼ばれるハロン湾がある。自力で行くにもそれほど難しくないし、ハノイから日帰りを始めとしたツアーもある。

一般的なベトナム観光ガイドブックが中心に据える南部はホーチミンという大都会を中心にし、ホーチミン市民の熱海ともされるブンタオ、メコンデルタの朝市がおもしろいカントーなど、南ならではのベトナムの姿を見ておきたい。

中部は厳密にはかなり広い地域になるが、やはり初めはダナンを中心に巡りたい。ダナンはサーフィンもできるなど、夏に海水浴に訪れたい地域だ。かつての王朝である阮朝（ぐえんちょう）があったフエでベトナムの歴史を感じ、ホイアンではこの地を訪れたであろう大昔の日本人に思いを馳せることができる。

ベトナムという国は、ただ表を歩いているだけで、ガイドブックにはない〝裏の顔〟に出会うことができる稀有な国だ。この章ではそんなベトナムのB級といえばB級であり、〝ベトナムの平常運転〟ともいえるような珍スポットを紹介していこう。

【北部　ハノイ】
若者に人気、謎の風船の正体は？

笑気ガス風船がハノイでブームのようだ。一部ホーチミンでも見かけたが、ハノイの旧市街が圧倒的に多いと見る。２０１７年に入ってから特に増えた気がする。

笑気ガス風船はいわゆるドラッグの一部で、今は東南アジアでも国によっては手軽に手に入れられるものになった。本来は医療用の麻酔ガスで、亜酸化窒素でできている。２０１３年ごろから世界的に流行し始めたが、医療現場で麻酔薬が不足することが懸念され、同時に健康被害もあることから※**多くの国で禁止**されている。

笑気ガスは主に風船に入れて販売される。ハノイでは「ラフィングガス」、あるいは「ファンキーボール」などと呼ばれ、バーやディスコで簡単に手に入る。※**旧市街のマーマイ通りやターヒエン通り**に多く、一見すると風船屋がヘリウムガスを入れて売っているように見える。外国人よりはベトナムの若者に人気のようで、路上のバーではビール片手に風船を吸って楽しんでいる人がいた。中には飲みものは頼まず、風船だけを吸う人も……。

※多くの国で禁止
日本では２０１５年に、中枢神経に悪影響を与えるということで厚生労働省の指定薬物になっている。

※旧市街のマーマイ通りやターヒエン通り
この近辺が毎夜ベトナムの若者や外国人で盛り上がるエリア。安いバーも多く、屋台も並ぶ。安宿も多いが、この辺りに泊まるのはオススメしない。うるさいからだ。

ハノイでも笑気ガスは大人気。ベトナムギャルも風船をスーハー

この笑気ガスは、名称からもわかるように吸引すると高揚感を得られるという。ただし体質によってはまったく効果がなかったり、逆に吐き気を催したり、乗り物酔いのような状態になることもある。つまり、※**合わない人にはとことん合わない**ようだ。

ベトナムでも規制の動きが出ているというニュースは見かける。しかし、警官の姿が見えないときは※**堂々と売っている**のが現状だ。

規制の関係なのか、日に日に風船の大きさが巨大化しているような気がする。かつては普通の風船程度のサイズだったのだが、今は大人の頭よりも大きく膨らませて売られている。含有成分が薄くなったので、その分大きくしているのではないだろうか。

価格は当初10万ドンを超えていた。詳しい人に話を聞くと、今はかなり値段が下がって、2万ドンを下回っているという。欧米でも500円レベルだとかで、値段としては妥当な

※合わない人にはとことん合わない
たぶんボクも合わない。もう20年も前にインドで大麻を吸ってみたことがあるが、全然なにがいいのかわからなかった。2011年にも『東南アジア　裏の歩き方』の取材でラオスにて大麻入りのバナナジュースを飲んだがこれもだめだった。薬物関係を楽しむならボクはアルコールに浸されたい派である。

※堂々と売っている
とはいえ、特に多く見かけるターヒエンでもすべてのバーで売っているわけではなく、数で言えば多く見積もっても1割の店でしか扱っていない。

笑気ガスがつまったタンク。通りにはこんなタンクが点在している

のか。だからこそ、ベトナム人の若者も気軽に手を出せるのかと思う。安くなった事情は供給機械自体が安くなったらしく、そのために商品の価格も下がったのだとか。おそらく、今後規制が進めば再び値段は高騰することだろう。

ハノイはホーチミンと比べるとドラッグ関係の入手はあまり簡単ではないという印象を受ける。だが、まったく手に入らないわけではなく、たとえばまったくツテがない人でも、ちょっと探せばその日のうちになんらかしらの**薬物を入手できる容易さ**※はある。

しかし、ベトナムでもドラッグは犯罪。シンガポールやマレーシア、タイなどと比べると軽微ながらも刑罰が待ち構えている。笑気ガスも2017年2月に当局側が調査に乗り出し、青少年への販売を禁止、制限するように求めているという。※**完全禁止とはしていないのがベトナムらしい**が、まあ、無理してまでヤルものではないでしょう。

※**薬物を入手できる容易さ**
旧市街のあるバーではタバコに見せかけた大麻を売っていると噂を聞いたので行ってみた。そのときは普通のタバコしかなかったが、火のないところに煙は立たないし……。

※**完全禁止とはしていないのがベトナムらしい**
完全禁止にしないのは多民族国家だからだろうか。宗教や文化に配慮して？　例えば同じく多民族国家のタイも、アルコールは20歳未満への販売は禁止と明記するものの、20歳未満は飲むべきではない、としか注意書きがない。

【北部　ハノイ】

ホーおじさんの亡骸は王道観光スポット

ホーチミンというと、南部の大都市かベトナムの指導者か、となるが、文面で書く場合、指導者の方は**ホー・チ・ミン**※となるようだ。ここではそんなホーおじさんの話に触れておきたい。

ホーおじさんはベトナムでは相変わらず人気で、街中ではホーおじさんの肖像画や像が至るところに飾ってある。博物館も各地にあるし、紙幣の絵柄もすべてホーおじさんだ。

そんなホーおじさんに我々は今でも会うことができる。ハノイの「ホーチミン廟」にエンバーミングされたホー・チ・ミンの亡骸が安置されているのだ。なにかといい加減なところがあるベトナムでありながら、この施設だけは厳かであり、しっかりと管理されている。カメラ撮影も厳禁だし、それどころか施設内は私語もダメだ。

ホーチミン廟は外国人でも入ることができる。入り口でカメラを預け、廟の出口で返却してもらえる。建物に入ったら私語は許されないし、立ち止まってもいけない。静かに前の人

※ホー・チ・ミン
（1890〜1969）
ベトナム民主共和国の初代国家主席兼首相。第二次大戦時、日本と武力闘争を開始。戦後、8月革命を主導し、1945年9月、ベトナム独立宣言を発表。ベトナム民主共和国を成立させ、初代国家主席兼首相に就任した。

ホー・チ・ミン

建物のデザインが特徴的な「ホーチミン博物館」

について進むと、暗くなった部屋にホー・チ・ミンの亡骸が、まるでさっき亡くなったかのように横たわっている。これは※**ハノイに来たら一度は観ておきたい**ところだと思う。

　そんなホー・チ・ミンの亡骸だが、こうして保存されることを当人は望んでいなかったという話もある。ホー・チ・ミンは自分の亡骸や墓所を個人崇拝の対象にさせないように、遺言に書き残している。しかし、労働党は不都合な部分を削除して、その遺言状を公開。ソビエトのレーニンに倣ってエンバーミングを施したのだそうだ。強力な政治指導者で、本当に国のことを考えている人は個人崇拝を好まないのかもしれない。キューバのフィデル・カストロも自分の肖像画などを描かせていない。だから、ホーチミン廟や紙幣、街中の肖像画は本当はホーおじさんは望んでいなかったことなのだ。

※ハノイに来たら一度は観ておきたい
外国人も無料だがドレスコードが厳しく、カメラなどはすべて預けなければならない。また、館内では一切の私語が禁じられている。例年9月から11月は改修のために閉館になる場合もあるので注意。
【住所】So2 Huong Vuon,g Dien Ban, Ba Dinh, Ha Noi
【営業時間】7時30分～10時30分（夏季）、8時～11時（冬季、土日祝は11時30分まで）
【休館日】月、金

ホーチミン廟

などと言いつつも、ホーチミン廟はベトナムでも最高峰の見学施設だと思う。これだけ優れた場所はベトナムにおいてほかにはない。

さらに、別料金だが「ホー・チ・ミンの家」や、ベトナムの革命の歩みを紹介する「**ホーチミン博物館**」※もおもしろい。「ホー・チ・ミンの家」はホーチミン廟の裏手、「ホーチミン博物館」は廟から徒歩5分くらいのところにある。

後者の博物館は建物自体にソビエト感があってボクは好きだ。西欧では発想されない独特な感覚という気がする。例えばこの建物やベトナム軍が使うミグ戦闘機や軍用ヘリコプターもそうだ。ベトナム人の若者もみんなこの博物館の建物を写真に収めているので、彼らからしても珍しい形なのかなと思う。たまにギターを持ってポーズを取るヤツもいたりして、なぜギターなのかと問い詰めたい衝動にも駆られる。

それから、その博物館の近くにはベトナム戦争時に撃墜されたB52を記念した博物館や、**実際に墜落した池**※などもある。米軍の兵器が触り放題の「ベトナム軍事歴史博物館」も徒歩圏内。ベトナム王朝の城があった「タンロン遺跡」もあるなど、ホーチミン廟周辺はアカデミックかつ王道的なハノイ観光ができるエリアでもある。博物館の内容は**ときにエグいもの**※もあるので、裏の歩き方としても一見の価値はあるはずだ。たまには昼の観光もしてみようじゃないか。

※**ホーチミン博物館**
【住所】19 Ngach, 158/19 Ngoc Ha, Doi Can, Ba Dinh, Ha Noi
【営業時間】8時～12時、14時～16時30分（月・金は12時まで）
【入場料】大人4万ドン

※**実際に墜落した池**
墜落直後から鉄くずを売るために盗まれまくった結果、今ではB52と言われてもわからないほど原型がない。住宅街の中にあるので、周辺を歩くのもおもしろい場所なので、一応おすすめしておきたい。

※**ときにエグいもの**
ベトナムの歴史は支配され独立して、という戦いの歴史でもあるので、特に戦後からベトナム戦争にかけては写真などで記録があり、展示物の写真が死体だったりと、不慣れな人にはきつい場合もある。

【南部　ホーチミン】

ホーチミンの危険地帯「4区」「8区」を歩く

ホーチミンは**東京23区のように区分けされている**※が、名称が1区とか2区とか味気ない。さらに、地図で見てもきれいに碁盤の目のように1、2、3、4と並んでいるわけでもない。

1区は外国人観光客向けのものがすべて揃ったような場所で、ホーチミンのベトナム人も1区は都会だと感じるようだ。一方で4区や5区、8区辺りは結構ヤバい下町という印象があるらしい。4区は安宿街のブイビエンの近くを流れる運河を渡った周辺。5区はいわゆる**中華街チョロン**※がある。その南側の運河を渡ったところが8区。この辺りは治安が悪いと言われているようなのだ。

しかし、ベトナムにおいて治安が悪いというのはなんなのだろうか。カンボジアやタイにおいては銃があるので、危ない目に遭う可能性は少なからずある。しかし、一般人が銃を持っていないベトナムでは果たしてなにが危険なのか。聞いたところによれば、せいぜいスリや置き引きくらいで、刃傷沙汰もめったにないのだとか。ならば、ということで4区と8

※東京23区のように区分けされている
数字の名称がついているのは、1区～12区まで。その他、ゴーヴァップ区やタンビン区など、固有名称のついた区が7つある。

※中華街チョロン
2011年に滞在した際に宿のおばちゃんに「チョロンに遊びに行く」と言ったところ「あんな危ないところは行ってはいけない」と言われた。2018年3月に滞在したときも別の人に同じことを言われた。一般的なホーチミン市民の認識はこうなのだ。

区を実際に歩いてみることにした。

まず、4区はブンタウ※からの帰りに寄ることにした。ホーチミンの船着き場から4区のど真ん中まで徒歩圏内だからだ。歩いた時刻は16時前後といったところか。

4区では道端の市場で食べものを売っていた。衛生面は気にしないのだろうか…

船着き場からだとルバンリンという路地にある市場に辿り着く。市場というとホーチミンでは「ベンタイン市場」※が有名だが、ここは完全に路上の生鮮食品市場。魚は見たこともないものがあったりするし、肉はそもそも死んでいないものもあった。商品の大半を地面に置いているので、確実に腹を壊しそうな勢いである。

大概の店はカメラを向けてもにこやかに対応してくれるか、無視されるかだが、稀にものすごい剣幕で怒るおばさんがいる。こういうのは不思議と中年女性だけで、若い子や男性にこのタイプはいない。ベトナム語なのでなにを言っているかはわからないが、来るんじゃねえ！

※ブンタウ
76ページや170ページ参照。

※ベンタイン市場
2018年5月現在は市場の前は地下鉄工事のため景観はよくない。その代わり、堂々と日本の国旗が見えるのは誇らしい。このエリアを請け負うのが日本の企業なのだ。ベンタイン市場は外国人に有名だが、ボッタクリ値段でも有名。それなのになぜ観光客の足が遠のかないのか不思議だ。

的なことを言っていそうだ。あとなぜかどの人も怒鳴ったあとに大げさに咳払いをする。咳払いも嫌悪感の表現の一種なのだろうか。こういうときに人間、性格が表れる。ボクなんかはそれでも完全無視で撮影を続けてみちゃったりするんだけれども。

●4区の奥は信じられないほどの数のバイク

さらに4区の奥へと歩を進めていく。まさに路地裏といった雰囲気に変わる。ただ、ここはまだヘムではなく、あくまでも小路。人も多いが、**外国人は皆無**※でアウェイ感は半端ない。商店の軒先や路上に住民が座って話していたりする。当然ボクみたいなのが通るとジロジロと見られてしまう。有名人って毎日こんな感じなのだろうか、などと想像をしてみると、なんだか**サングラス**※がほしくなる。

さて、4区の裏路地でT字路にさしかかったとき、衝撃的な光景が飛び込んできた。尋常でない交通量。普通の町内の商店街のような場所を、ひっきりなしに数百台のバイクが行き交っているのだ。もはや治安がどうのこうのじゃなくて、こっちの方がスゴイ。

そんな様子を写真に撮っていると、うしろにいたバインミー屋台のおやじが話しかけてきた。これまたベトナム語なのでなにを言っているかわからないが、つい今し方市場でおばさんを怒らせてきたのでちょっと嫌な予感がする。聞こえないフリをしてもなおなにかを怒鳴っている。仕方がなく振り返る。

※外国人は皆無
東南アジアでは意外とこのシチュエーションになることが少ない。どこに行っても大体外国人がいる。だからこの皆無の状態はある意味嬉しくなる瞬間。

※サングラス
話は逸れるが、ボクは車を運転するとき、一時期だけメガネをかけていたことがある。裸眼でも運転できる視力はあったのだが、視力の悪化を意識してのことだった。そんなある日、メガネが折れた。持ち方が悪かったとかではなく、普通にかけていたら顔面の圧力に金属疲労を起こしたらしく、笑った瞬間に折れたのだ。だからもうメガネもしないし、サングラスもしない。

「日本人か？　**オレの写真、OKだぞ！**」※

そんなことを言っている。要するに撮れというのだ。写りたがり感が昭和っぽいな。だいたい撮ったところでこの写真をどうしろと？　かわいい子ならともかく。

4区の狭い通りをバイクがひっきりなしに行き交う。これぞローカルなベトナム

●裏路地にはどんな危険が存在する？

マップを見るとさらに路地がある。地図上は道は途切れ途切れ。道がヘムの中にあるのだろう。もしちゃんと繋がっていれば**屋台寿司の「すしコ」**※辺りに出られそうだ。ここは行ってみるしかない。

と、入ってみれば、それこそヘム。さらにジロジロと地元民に見られてしまう。しかもどういうわけか、ブイビエンのヘムのように直線的ではない。建物は直線なのに、どうやったら道が弧を描いたり、こうクネクネしちゃうのか。

陽も当たらない通路は生活臭が停滞してお

※**オレの写真、OKだぞ！**　「撮ってくれ、撮ってくれ」とうるさいので一枚。おじさんはメンタルが昭和っぽい。

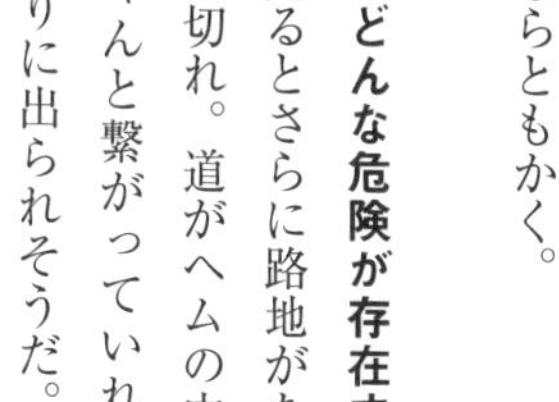
バインミー屋のおじさん

※**屋台寿司の「すしコ」**　175ページ参照。

外灯が少なく、薄暗い８区。横に長い、長屋のような造りの商店が並ぶ

り、ベトナムっぽい匂いを醸している。これがいい。治安も全然悪くない。

　途中いい女がいた。バブル期のジュリアナ東京を彷彿とさせるスタイル抜群の真っ赤ボディコンギャル。しかし、振り返った顔を見たら完全に男であった。※**ホーチミンもニューハーフが多い**な。

　さて、8区はどうであろうか。結論から言うと8区もまったく似たようなところだった。ただ、街灯が少なく真っ暗という印象を受けた。4区は屋台などが多く、まだ若者向けのスポットといった感じがあったが、8区は遊びに行く場所という風ではなかった。もちろんボク自身が歩いた場所はそんな8区のごく一部分でしかないけれども。

　いずれにしても、地元民はジロジロ見ては来るが襲ってきそうな雰囲気もない。やはり※**ベトナムの治安はすこぶる良好**と感じた。やっぱりベトナム、いいところなんだな。

※ホーチミンもニューハーフが多い
ハノイではニューハーフはあまり見かけないので、やはりホーチミンの南国特有のおおらかさからニューハーフが受け入れられ、比較的堂々と生活できるのかもしれない。からかいの対象になるものの、本人らがそれを気にしていない。ベトナムというよりも、南部の気質で市民権を得ている印象を受ける。

※ベトナムの治安はすこぶる良好
タイ在住者の目線であり、日本在住の人から見たらどうなのかはちょっとわからないけれども。タイでは夜中に人気のないところをひとりで歩くと不安を感じるが、ベトナムは一切それがない。

【南部 ホーチミン】

堂々と麻薬を売り歩くプッシャーがいた!

２０１７年5月、日本へのトランジットで5年半ぶりにホーチミンを訪れた。

ブイビエンの変貌ぶりには驚かされたが、それ以上に驚いたのは麻薬のプッシャーがこのご時世でも堂々と働いていることだった。

近年目まぐるしい発展を遂げる東南アジアでは、先進国のスタンダードをどう解釈したのか、※**屋台は文明的ではない**などと言い出して排除を進めている。ここベトナムでも取り締まりが厳しくなり、徐々に屋台の数が減っているというが、それなのに麻薬はあるのか。

前回、ホーチミンにきたときに見かけた※**プッシャー**は、自転車に乗り、楽器のようなものを「シャーシャー」と片手で鳴らして近づいてきた。断ってもしつこく付きまとい、マリファナはいくらなどと言ってくる。

今回滞在したときにも同様の輩がいた。やっぱり自転車にまたがり、なにか鳴らしながら近づいてくる。ただ、今回は口上が違っていた。

※**屋台は文明的ではない**
屋台は東南アジアの魅力でもあるのに、それを文明的でないというのは自国の魅力をわかっていないんだなと、ついつい批判的に言ってしまいたくなる。タイも同様で、バンコクの屋台は減りつつある。

※**プッシャー**
麻薬密売人のことを英語のスラングではプッシャーという。

こういったヘムの奥に連れ込み宿があり、女の子と遊べるというが…

「女どうだ？　35ドルだ」

このセリフを聞いて、ボクは「おっ」と思った。バンコクを発つ前、ホーチミンの風俗に詳しい友人からこのプッシャーの話を聞いていたからだ。

なんでも彼らについていくとヘムの奥に連れていかれるそうで、そこでしばらく待っていると女が数名デリバリーされ、そこから選ぶ仕組みなのだとか。ブイビエンのヘムの中には連れ込み宿があって、コトはソコでするらしい。IT関連の仕事をしている友人は、そのシステムから「**クラウド置屋**※」などと洒落た名前で呼んでいた。

肝心の質だが、その友人が体験したところではかわいくも若くもなく、積極的におすすめできるレベルではないとのこと。価格は日によって幅があり、100万ドンから120万ドンの間で推移していたという。となると、**ボクが提示された価格はずいぶん安い**※。訪れたのが

※クラウド置屋
クラウド（コンピュータ）とは、ネットワークにつながったサーバーからデータなどをダウンロードして利用すること。それと同じように、どこかに集められた女の子が必要に応じて各ホテルにデリバリーされていくから「クラウド置屋」。これで合ってる？

※ボクが提示された価格はずいぶん安い
当時のレートでいうと、35ドルは70万ドン。友人が教えてくれた相場よりも30%も安いことになる。

ホーチミンの女性も色白が多くてかわいいが、クラウド置屋は微妙らしい

観光シーズンだったのが影響しているのだろうか。

ブイビエンはとにかく盛り上がっていて、2017年8月下旬から、**土曜日と日曜日は歩行者天国**※になっている。通りの進入口の門を閉め、警官を複数人立たせて見張らせるという念の入りようだ。

そのため、前述のプッシャーは土日は通りに侵入できず、営業は基本平日のみ。以前と比べて連中の数はかなり減ったが、いまだにシーラカンスのように**しぶとく生き残っている**※。

彼らはみな似たような色のクリーム色のシャツを着ていた。オレンジの街灯の下で見るとまったく同じ服に見えるので、一瞬、プッシャーのユニフォームなんじゃないかと思ったほどだ。

相変わらずドラッグも販売しているようで、マリファナは30～50万ドン程度で入手できるようだった。風俗に関する取り締まりは厳しいべ

※**土曜日と日曜日は歩行者天国**　19時から深夜2時までの間が歩行者天国で、警察が立ってバイクでさえ侵入できなくしている。ただ、平日も混雑がすごくてほぼ歩行者天国なのだが。

※**しぶとく生き残っている**　ベトナムが楽しいのは、物価も雰囲気も変わらないこと。2010年以前に初めてベトナムに来たときから物価が全然変わっていない。プッシャーだけでなく、いろいろなものは据え置きになっているのだ。リピートすると、過去の旅の延長を続けられるので、安心感がある。

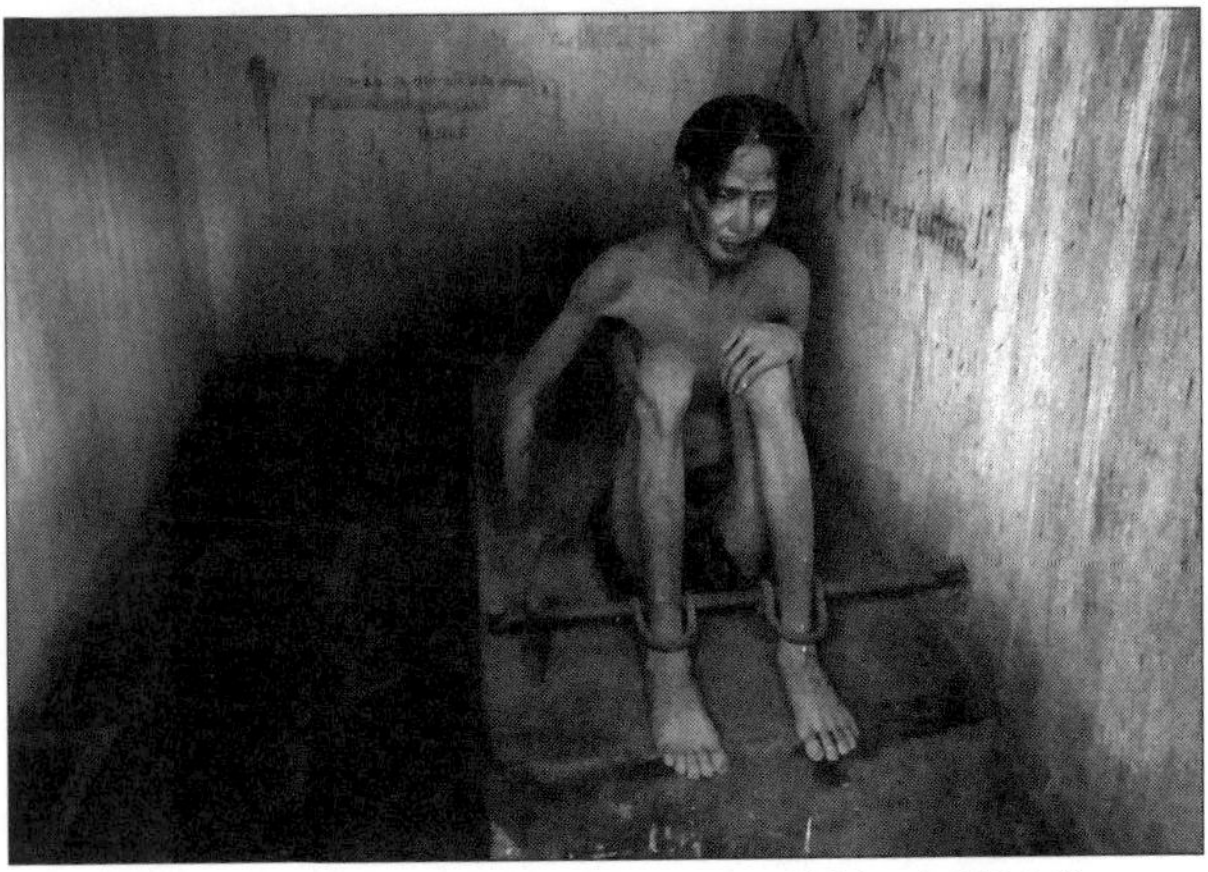

昔のベトナムの刑務所の様子。いまはここまで酷くないとは思うが…

トナムだが、※**ドラッグはカンタンに入手できる**。他の東南アジアの国々に比べると罰則は緩く、マリファナを10キロ以上所持していても2〜7年の懲役で済んでしまう。ちなみにシンガポールなら大麻500グラムで死刑である。

とはいっても、ベトナムは社会主義国。政府によって強力な情報統制が敷かれているので、裏側で何か起こっていても表には出てこない。刑務所に入ったら生きて出られるかすらわからない。

海外でトラブルに巻き込まれると日本大使館の邦人保護担当官などが動いてくれるものだが、彼らも役人。活動費は国民の税金でまかなわれているわけで、自業自得で実刑判決を受けても※**支援は後回しにされる**。刑務所もまた日本とは事情が違う。中に入れば、想像だにしないような過酷な目に遭うことだろう。

安易に入手できるからと言って、手出しは無用。危ないモノには近づかないのが一番だ。

※**ドラッグはカンタンに入手できる**
手が出しやすいためか、大麻が多く見られるが、LSD、さらにはヘロインといったハードドラッグなども手に入るようだ。

※**支援は後回しにされる**
例えばマスコミが後回しの理由などを問いただせば「そんなことはしない」と否定するだろう。しかし、自業自得で捕まった人にいちいち構っていられるほど大使館員は暇じゃないのが現実。だから、せいぜい家族と連絡を取ってくれるだとか、そういったことしかやってくれないと思っていた方がいい。

【南部　ホーチミン】
ベトナム人の本当の姿はヘムにある!?

初めてホーチミンに来たとき、なにも知らず、とりあえず**デタム**※で空港からのタクシーを降りたら、ポン引きみたいなのに案内されてゲストハウスに泊まった。ばあさんが経営するというか、ばあさんの家に泊まるような宿で、1泊10ドルと安かった。

この宿はデタムからベトナム人が暮らす裏路地に入っていく。当時は知らなかったが、これを「ヘム」と呼ぶ。例えばベトナムの大都市は大通りで構成されているが、大通りに囲まれた四角い1ブロックの内部には迷路のような路地がある。これがヘムだ。道幅は人がすれ違うのもやっとという狭さ。ガンジス河に沿って形成された、**インドのバラナシ**※に似た雰囲気といえばイメージできるだろうか。

２０１１年頃は、ヘムに外国人が入り込む余地はほとんどなかった。当時のホーチミンでは、外国人旅行者は表通りにいるのが当たり前。そもそもヘムの中には外国人向けの店はない。ボクのように間違えてヘムの中の宿にでも泊まらない限り、まず足を踏み入れる場所で

※デタム
ブイビエン通りの東の方でファングラオ通りと結ぶように交差する小さな通り。ここにも安宿があるし、飲食店や旅社もある。日本人が常駐する旅社もあった。

※インドのバラナシ
聖地バラナシは河沿いに建物が密集し、その間を縫うように小路が繋がっている。

ハノイの旧市街を上の方から見る。建物の密集具合がわかる

はなかったのだ。

　ハノイも同じようにヘムがある。正確にはハノイでは「ヘム」ではなく「ンゴ」と呼ぶらしい。文化的に大きな違いのあるベトナムなので、呼び方が違うというか、そもそも※**裏路地の構成やあり方が違う**。別物と考えていいのかもしれない。ハノイは完全に部外者を寄せつけない雰囲気が今もある。ベトナム人でさえそこに住んでいなければ入れないような威圧的な空気が漂う。あのときはホーチミンにもそんな空気があったような気がする。

　ところが、だ。２０１７年になって久々にトランジットでブイビエンやデタム周辺を訪れたら、ヘムの様相が一変していた。

　数年ぶりに再訪して一番驚いたのがこれだった。そもそも予約した宿自体がヘムの中にあった。ヘムの中にあるというのに、※**アゴダに登録**しているわけだ。

※**裏路地の構成やあり方が違う**
あくまでもボクの個人的な印象であるが、ホーチミンのヘムは入り口がわりと大きく開いているのに対し、ハノイはすごく狭いか、建物の下がンゴの入り口で、中の住民しか入れない。旧市街はンゴの入り口にドアがある場合もある。

※**アゴダに登録**
ボクはすでに来たことがあるから、マップを見てヘムの中にあるということがすぐにわかったが、初めての人は「え？ここに入っていくの？」と不安になることだろう。

●ヘムの中だけですべてが完結する？

ヘムの内部を歩く。細い路地ではローカル向けの商店が営業している

ヘムの変貌ぶりで驚いたのが、すっかり町らしくなっていたことだった。

かつては単なる路地と民家の集合体だったのが、ヘムの中にはインド料理店や旅行会社、マッサージ屋、雑貨店など、明らかに外国人旅行者を意識した店ができている。おもしろいのが、完全に観光客向けになっているのではなく、あくまで**地元民の生活の場**※を守っているところ。だから、ちょっと高そうなレストランであっても、その前で半裸の男たちがビールを飲み、たばこを吸いながらだべっている姿が見られる。日中は簡易的な肉屋などは路上で肉を捌いているし、カオス感が半端ない。

こうした変化は、ホーチミンの各所で起きているようだ。

※地元民の生活の場
ヘムには番号、あるいは名称がつけられている（右写真）。左写真はハノイのンゴの看板。上の段に「NGO」とあるのがわかる。

ヘムの番号を示す看板

ンゴの名称を示す看板

物覚えは悪いが、ベトナムでトップレベルのサンドイッチを作るばあさん

たとえば、日本人街のレタントン通りは、かつて表通りに店を出すことが商売成功の条件だったが、いまはSNSでいくらでも情報を拡散できるので、ヘムの中だろうがなんだろうが※**出店場所はどこでもいい**という。実際、レタントンを夜に訪れると、ヘムの奥までカラオケ店ができているし、人通りも絶えなく賑やかだ。

かつてはヘムに入ってしまえば殺されてもわからないのではないかという殺伐とした雰囲気があった。まるでスラムのような、香港にあった※**九龍城**のような、なんとも言えない犯罪の臭いが漂っていた。よく考えてみればベトナムは治安がいいのでそんなことはないのだが、足を踏み入れたら最後だという怖さがあったのだ。

ところが今はむしろベトナムのおもしろさはヘムの中に閉じ込められているといえる。

本当のベトナムを見るなら今、ヘムに行くべきなのだ。

※**出店場所はどこでもいい**
ヘムにも住所があるので、通り名とヘムの番号だけでもわかっていれば、店に辿り着けるという便利なシステムである。

※**九龍城**
香港にかつて存在したビル型の巨大スラム街。無計画にビルが建設された結果、内部は迷路のようになり、一度足を踏み入れたら出られないなどと言われた。1994年に取り壊され、現在は跡地が公園になっている。

【南部 カントー】

メコンデルタの水上朝市を見にいく

よほどこの町に観光客が来ないのか、カントーのホテルに着いたとき、旅行エージェントが待ち構えていた。50代くらいの男だった。

カントーは※**メコンデルタ**の水上朝市が有名で、カントー自体はホーチミンから日帰りで行ける距離ではあるが、1泊をする人が多い。どうやらカントーの間近にある水上市場だけでなく、ちょっと離れたところにも大きな水上マーケットがあるとかで、ハイライトの多いボートトリップができるようだ。

エージェントは水上ツアーの営業をかけてきた。それはそれは壮大で、早朝5時半に出発し、朝日がメコン川の先に昇るのを拝み、その後そのエリアにある大きな水上マーケット、※**生春巻きのライスペーパー**の工場を見学し、昼頃に帰ってくるという。これで50ドル。4時間コースなら40ドルだそうだ。

このエージェントは壮大な勘違いをしていると思った。もちろん、彼が知る由もないこと

※**メコンデルタ**
ベトナム南部、メコン川やその支流が流れる地域の呼称。ベトナム有数の米どころで、輸出米の大部分はこの地域で生産されている。

※**生春巻きのライスペーパー**
ベトナムではライスペーパーはポピュラーな食材。たとえば焼き肉ではサンチュのように肉や野菜を巻いて食べるし、屋台の飲み屋ではそのまま素揚げにしてつまみにすることもある。

ではあるが、**ボクがそんな日の出を見るような人物に見えるのか**※と。行くわけないじゃん！　しかも朝早くから。なんで12時まで観光しなければならないのか。というわけで、カントーに最も近い水上市場だけでいいよ。

するとエージェントはものすごく驚いた。あまりにもびっくりするので、こっちもびっくりだ。ふたりでびっくり顔で見合わせる。

「なんで？」

それはボクのセリフでは？　なんでボクはなんでと訊かれるの？

「朝日だよ？」

「朝日だよ？」

文字にすると同じだが、イントネーションが全然違う。たぶんボクとこのエージェントは価値観が合わない。朝日は世界中、どこでも見える。太陽はどこで見ても同じだ。だから、全部省いて、カントーの水上市場オンリーで。

「それでも3時間はかかる。だから30ドルで」

先の50ドルだの40ドルは言い値で、まだ値切っていない。その流れで言えば、30ドルは妥当。でも、それを許すわけないじゃん？　**水上マーケットなんて5分滞在でいい**※し。

「いや、ここからマーケットまで1時間かかるんだ。だから往復2時間。念のため水上マーケットを1時間と考えたら3時間だろ？」

※ボクがそんな日の出を見るような人物に見えるのか
「裏の歩き方」の取材だからとかそういうのではなくて、もともと普通の観光地は面倒くさくて苦手。あと、旅のスタンスとしては1日1ヶ所以上は疲れるので見に行かないということもある。今回、水上マーケットに行こうと思ったのは船に乗れるから。自分でもよくわからないが、ボクは船にロマンを感じてしまうのだ。

※水上マーケットなんて5分滞在でいい
チラ見すれば大体のことはわかるのではないか。あとは日本人ブロガーががんばって解説したものを読めば補強できるのでは。そう面倒くさがりのボクが思う一方で、マジメなボクは現地をこの目で見て肌で感じなければ、とも思ったり。

まあそれもそうか。そこはいいとして、じゃあ20ドルで、と言うと、頭を抱えるエージェント。そもそもここに来ているということは大して客がいないわけでしょう？　あとね、よおく考えて。ボクの泊まっているのは※**1泊7ドルの部屋**。船のチャーターにそれなりの金がかかるのはわかるけど、そんなに出さないよ。

そして、ここからおじさんの家庭事情解説などが始まった。値引きは厳しいということで間の25ドルで手を打った。

笑顔を見せるエージェントの息子。彼の後ろに見えるのがチャーターしたボート

●息子はしっかりしたガイドだった

翌朝、ちゃんと来るのか、と思ったら、※**エージェントの息子**だという人が来た。ベトナム人っぽくもあり、カンボジア系にも見えなくはない。30代か、ボクと同じ年齢くらいか。船着場はこの先だと案内されたのは、朽ち果てた桟橋。ボクの体型を見て、よくここに連れてきたな？　と言いたくなるような場所だ。

※1泊7ドルの部屋
これがひどい部屋で、2階の階段横だったのだが、フロントの兄ちゃんたちが朝までガンガンに音楽をかけているし、エアコンは効かないし、ベッドには虫がいた。虫に食われたあとが2ヶ月以上引かなかった。

※エージェントの息子
名前はビンさん。仕事熱心なよいガイドだった。カントー周辺をツアーで周りたいというときは連絡してみよう。
【メール】tranvietmekong1@gmail.com

マーケットに集まってきた船。取り扱っている商品を船首の竿にぶら下げている

用意された船はかなり小さい。当然ながらスピードも出ないわけで、マーケットまで1時間というのは距離ではなく、船の問題だった。さらに途中で水上ガソリンスタンドに寄った。この時間も加味しているだろう。水上ガソリンスタンドといっても、車の給油に使うあの機械が台船の上についているだけ。昨日、契約した時点で給油しておけよと思うわけで。

　朝とはいえ、すでに陽が昇ったあと。徐々に日差しが強くなってくる。船には屋根もなく毎分毎分日光がしんどくなってくる。それを察したのか、船頭は笠をくれる。ベトナム人が被る円錐形の三角の葉笠だ。**※ノンラー**というらしいこの笠にはちゃんとあごひもがあるにはあるが、**※顔の大きなボクにはちょっと不格好**だ。すれ違う船の人たちがいちいち笑っているような気がした。なんで金を払ってこんな辱めを受ける必要があるのか。

※ノンラー
民族衣装にも近い古くからある帽子だが、今でも普通に使われている。都会でも中年のおばさんが被っているのを見かける。あとは、タンクトップの白人バックパッカーが被っているイメージ。

ノンラー

※顔の大きなボクにはちょっと不格好
頭のサイズが普通の人にはわからない悩みだが、レンタルバイクでも被れるヘルメットが限られてくる。特にベトナムはみんな小柄で、サイズが全体的に小さい傾向にある。

そうしているうちに船は水上市場に到着する。船頭は簡単な英語ができるので、いろいろと教えてくれた。

ご覧のように船には商品が満載。生活に根差した水上マーケットだ

船は卸問屋としての大きなものと、小売りをする中くらいの船、買いに来る小さな船の3種類ある。どの船も船首か船尾に竹竿を立て、商品をぶら下げていた。基本は生鮮食品の市場で、例えばカボチャをぶら下げている船はカボチャの専門店。パイナップルならパイナップル、いくつもの種類をぶら下げればなんでも扱っているという目印になる。

それから船の登録番号がその船の出身を表す。それもまた産地を示す目印になる。例えば地元カントーならKTが番号の頭につく。VLなら※**ヴィンロン省**から来た船だし、STはソクチャン省の船ということになるようだ。

東南アジアで有名な水上マーケットというとタイの※**ダムヌンサドゥアク**があるが、あれはも

※**ヴィンロン省**
メコンデルタ中部にある省。ソクチャン省も同じくメコンデルタ南部の省で、こちらは海に面している。

※**ダムヌンサドゥアク**
バンコクから西に車で1時間半ほど走った辺りにある水上マーケット。タイの水上マーケットと聞いて思い浮かぶ絵は、大体このマーケットで撮影されたもの。近隣には線路脇ギリギリで商売をする市場「メークロン市場」もある。

う観光客のためのエンターテインメントだ。しかし、このカントーは完全に地元の人のためのもので、早朝ながらもとても楽しめる見学先だった。25ドルの価値はあったと思う。

●朝食のフーティウで腱鞘炎になりかける

こんなときは地元の人に倣って船の食事をしたいところ。ぱっと来た船に食事を頼む。麺類の船だった。ちなみにタイのダムヌンサドゥアクにおいてもまた名物は麺類となる。小さな船で作るために丼も小さいというのが特徴だ。

ベトナムの場合は**地上とほぼ同じ量**※だった。丼が大きく、熱すぎて受け取れない。おばちゃんは優しく、皿に丼を載せてくれたのだが、両方ともしっかりした陶器で非常に重い。危うく腱鞘炎になるところであった。

熱々の麺とスープが、明け方の川面を吹く風で冷えた体を温めてくれる。スープは味がしっかりしており、なかなか美味。しかし、麺はどうもコシがない。

「これ、フォー?」

「**フーティウ**※よ」

フーティウか……。ほぼカンボジアに近いことから当然といえば当然だけれども。まあ、ホーチミンを合わせた一連の中で食べたフーティウでは一番おいしいとは思った。

地元民向けの市場とはいっても観光客慣れもしているだろう。どれだけ吹っ掛けられるか

※**地上とほぼ同じ量**
ベトナムは毎食をしっかり食べるので、器が大きく、量も多い。都会では麺類が6万ドンくらい、すなわち300円くらいと考えると、東南アジア圏内では屋台であっても食費がかかる。しかし、グラム単価で考えれば、他国とそれほど変わらないくらい安い。

※**フーティウ**
南部を代表する米粉から作られた麺。カンボジアのクイティウが伝来したとされるが、タイのクイッティアオと同じで、中国は広東省の潮州県が発祥と考えられる。

と思ったら、普通の値段だった。食事の前後もおしゃべりしたり、ほかの小舟も横づけされてみんなで一緒になってああでもないこうでもないと話をできたのは貴重な体験だった。

水上のフーティウ屋。早朝の船の上で食べる一杯は格別だった

あまりにも和気藹々と話しているので、**白人の団体**※を載せたほかの船が近づいてきて停まる。そして我々に向かってみんなカメラを向けていた。もしかしたら英語のブログなどにノンラーをかぶって麺をすするボクが掲載されているのではないかと期待している。

●帰りは地元民の生活を横目に見ながら

ここまでで出発からおよそ2時間弱。1時間以上は残っているが、こういうときは※**まっすぐ帰投するのが東南アジアの基本**だ。

と思ったら、船頭は「この裏の運河を通って帰れるけどどうする?」と訊いてきた。数十メートルの広い川にはたくさんの支流が流れ込んでいる。そのひとつに入っても帰れるのだぞ

※白人の団体
カントー市内で見かけた外国人は白人だけで、それも数人。これだけの団体白人は一体どこから来たのか。船も屋根付きの大きなものだったので、たぶんボクなんかと違ってちゃんとしたホテルに泊まっている人なんだとは思うが。

※まっすぐ帰投するのが東南アジアの基本
楽して稼ぐという考えから、悪気なくさっさと帰るのが普通。こちらから「時間が残っている」と指摘しようものなら、一応コースとしては省略しているわけではないので、逆ギレされてお終いということも日常茶飯事。

うだ。それは行くに決まっているでしょう。

細い支流では地元民の生活が垣間見られた。川沿いぎりぎりに走る道路はところどころ朽ち果てた橋があり、しかし誰も気にする様子はなく、バイクは多少減速して涼しい顔で通過する。※**川で洗濯もしているし、体を洗ったり、食事を作る**人もいた。こちらがカメラを向けていると笑顔で手を振る人もいる。

「あれは工場だ」

大きなタンクがいくつも川べりに置かれている汚い工場があった。船頭が言うには、氷の工場なのだそうだ。タンクは機械の冷却器なのか。まさか浄水器でこの川の水をろ過して氷にしているんじゃないだろうな？　カントーの氷が怖くなってくる。

※**ジャングルのような細い運河**にも入り、ひたすら船は進んでいく。このまま殺されたら発見されないだろうな、という不安も出てくる。まあ、１００キロの巨漢のボクと、小柄なこの船頭では勝敗は明白だが、女性ひとりだったら怖いだろう。

そうして不安になるほど長いジャングルを抜けていくと、突然、日本の運河のような、妙に整備された場所に出た。あまりにも唐突なので、そのギャップがまた新鮮だ。その運河はカントーの町の裏側。出発のときに乗った船着場から下流の方に出てきたのだった。

あまり期待していなかった分、案外おもしろかった。裏の歩き方のつもりで表を歩くのもまた裏っぽい。なんて言い訳をしつつ、宿に戻って荷物をまとめたのだった。

※川で洗濯もしているし、体を洗ったり、食事を作る
東南アジアでは水辺で暮らす人はその水で生きている。東南アジアの河川はどこも濁っているので飲みたくはないが、こういったところでのんびり暮らしたいとは思う。

※ジャングルのような細い運河
ワニかピラニアでも出てきそうな雰囲気の運河というか、支流。いろんな意味で冷や汗が出た。

ジャングル風の運河

【南部 ホーチミン】

軍モノ市場で懐かしのZIPPOを漁る

ホーチミンにはミリタリーマニア垂涎の軍モノ市場がある。

ベンタイン市場から南に歩くことしばらく、ローカルな雰囲気が漂う「**ヤンシン市場**※」だ。軍の放出品やレプリカなど本格的なミリタリーグッズを扱う店が集まっており、迷彩服やヘルメット、リュックなどが手に入る。ベトナム戦争当時からあったという由緒正しき市場で、当時は有名な日本人カメラマンの**沢田教一**※をはじめ、多くのジャーナリストやカメラマンが出発前にこの市場で道具を買い揃えていったのだとか。

そんな謳い文句がガイドブックに書かれていたので、上野アメ横の「中田商店」の巨大版があるのかと期待して向かったが、そうではなかった。

どちらかといえば秋葉原の「ラジオセンター」のような雰囲気の市場で、ミリタリーグッズよりも、工具や家の修理に使う大工道具、何に使うのかよくわからない部品などが売られているスペースの方が広かった。

※ヤンシン市場
【名称】Chợ Dân Sinh（Dân Sinh Market）
【住所】104 Yersin St. Dst.1 HCMC
【営業時間】6時～18時

※沢田教一
日本の報道カメラマンで、ベトナム戦争時に『安全への逃避』でピューリッツァー賞を受賞。1970年10月にカンボジア・プノンペン郊外で何者かに襲撃されて死去。ホーチミン市内の「戦争証跡博物館」に作品が展示されている。

怪しいミリタリーグッズに出会えるヤンシン市場

●品揃えになぜかあのオイルライター

さて、本物かどうかは別にして、市場ではたしかにベトナム軍の払い下げっぽいものが売られていた。

そんな中で目を引いたのが「**ベトナムZIPPO**」※。市場のたいていの店で売っている。ボクが高校生くらいのころ、雑誌『モノマガジン』などで頻繁に取り上げられていた。ベトナム戦争に従軍したアメリカ軍の兵士が自分たちの駐屯地の地図やメッセージ、所属部隊のロゴなどを彫り込んだ、あのオイルライターだ。

雑誌でよく特集されていたのは、いまから20年以上も前。それだけ長い間売り続けているというのに、まだなくならないのはなぜなんだろうか。本物だとしたら、米兵はいったいどれだけの数のZIPPOをベトナムに持ち込んだのだろうか。

※ベトナムZIPPO
ジッポはベトナムに持ち込まれたときはまっさらな状態。ベトナム戦争当時、ホーチミンやダナンといった町には金属加工を生業とするベトナム人がおり、米兵たちはそこにZIPPOを持ち込んで彫ってもらっていたらしい。

とりあえず店頭でＺＩＰＰＯを売っていた店に入り、店主のおやじに「本物なのか?」と聞いてみた。

ベトナム人民帽がよく似合う、ミリタリーショップのおばちゃん店員

「まあ、**本物は35ドル**※。ニセモノは5ドルだな」

やっぱりニセモノを売っているんじゃねえか! 気持ちが表情に出ていたのかもしれない。呆れたボクの顔を見て、店主は慌てて付け足した。

「ＺＩＰＰＯとして本物かどうかだ。このメッセージは本物だ」

んなバカな。ＺＩＰＰＯがニセモノなのに、どうしてメッセージが本物なんてことがあるのか。商品としてニセモノなら、なにが描かれていてもそれはウソである。

ＺＩＰＰＯがニセモノか本物かの違いは、底の部分に刻まれたロゴや文字の配置、縦線の刻み方などからわかる。パテントの表記もあったり、その期限が切れた年とかもわかっているの

※本物は35ドル
調べたところ、市場で売られているＺＩＰＰＯには次の3種類あった。①ＺＩＰＰＯの刻印のない模造品、②ＺＩＰＰＯの刻印が入ったコピー品、③ベトナム戦争当時に製造された本物のＺＩＰＰＯ。このうち③が一番高値(数十ドル〜)で取引されるが、図柄は後からいくらでも彫り込める。中身が当時の本物のＺＩＰＰＯでも、外のケースは現代に彫られたものかもしれない。正真正銘の本物を掴むのはかなり難しそうだ。

色々な店で売られる ZIPPO

通路で食事中の男性。どこかの店の店主だろうか、怪しいオーラが漂っている

で、間違って刻まれていれば整合性がとれなくなるので、詳しい人はすぐにニセモノだとわかるようだ。

それはいいにしても、とにかく部隊ワッペンやZIPPOの多いこと多いこと。いくらなんでもそんなに数はないだろうから、どれも胡散臭い。※**ベトナム人は几帳面だし、勤勉**なイメージがある。だから、こんなニセモノ、ちょちょいのちょいで作れるのでは？

ほかには実用的なアーミーグッズとしては新品の軍服、それから砂漠でも履けるブーツ、ガスマスクもあった。

ガスマスクはベトナム製でなく、欧米製でもなく、確かハングル文字が書かれていたような……。安っぽかったので勝手に※**北朝鮮の払い下げ**かしらと思ったが、店員がまったくいないので聞くことはできなかった。店なのに店員ゼロ。こういうのはホント、どうにかしてほしいよね。

※ベトナム人は几帳面だし、勤勉
東南アジアなのでいい加減なイメージもあるが、市場の百戦錬磨の商売人は一目でニセモノか本物かを見分ける目があり、よほどのマニアでも本物を超特価で入手するのは難しくなってきている。

※北朝鮮の払い下げ
かつては同じ共産圏に属していたこともあってか、ベトナムと北朝鮮は伝統的な友好国。２０１５年には国交樹立65周年の記念式典も行われた。しかし、２０１６年頃から国連による北朝鮮への制裁決議に足並みをそろえる形で、ベトナムの態度が硬化。ホーチミンにあった北朝鮮の国営レストランが閉鎖されるなど、近年になって両国の関係に変化が生じている。

【中部　ダナン】
ダナンで飲むならバクダンだ！

ダナンの夜遊びならバクダンだ！

爆発するように遊んじゃえ！　ということではなくて、ビールなどが気軽に飲めるバーがあるのがバクダン通りというところに集まっているのだ。ハン川沿いの、ドラゴンブリッジとソンハン橋の間くらいにバーが何軒か。ちょうどこのブロックであればもうひとつ裏にあるチャンフー通りも飲食店が多く、ダナンの繁華街といったところだ。

バクダンのバーで人気（らしい）は「**ゴールデンパイン・パブ**」[※]というところ。こぢんまりしているが、地元民らしき若者たちがたくさん集まっていた。週末の夜になると、さらに人が多くなるという。

また、外国人向けの店らしかったのは「**バンブー2**」[※]。この店が、というわけではないが、こういったバーにはプロのお姉さん方も集まってくるので、ダナンの夜を熱く過ごしたい人にはいいのかもしれない。ただ、高いと聞く。最初の言い値が100ドルだとか。大ざっぱ

※ゴールデンパイン・パブ
【店名】GOLDEN PAIN
【住所】52 Bach Dang, Hai Chau, Da Nang
【営業時間】19時～明け方
【予算】ドリンク5万ドン前後～

※バンブー2
【店名】Bamboo 2 Bar Danang
【住所】216 Bach Dang Street, Danang
【営業時間】10時～24時
【HP】http://www.bamboo2bar.com/
【予算】ドリンク5万ドン前後～

外国人向けの店っぽい「バンブー２」

に計算して２２０万ドン超。ホーチミンのバーでボクが言われたのが２００～３００万ドンという事実を考えれば、ありえない言い値ではないのだが。

正直、ダナンの夜遊びはごくスタンダードで、ベトナムだからといって特別なおもしろさがあるわけではない。何かを期待して、というよりは飲みに行くといったスタンスで楽しむのがいいだろう。

他にダナンの夜の見どころを挙げるとすれば、「**ニューフンドン・ナイトクラブ**」※や「**TVクラブ**」※といったナイトショークラブみたいなのがある。そこでベトナムの若者に交ざって遊ぶのもおもしろいのではないか。日本人から見ると、東南アジアの国はどこも似たような感じなものだが、若者の踊り方にお国柄が出たりするので、なかなか興味深い。ベトナムやカンボジアの場合は、クラブやディスコは若者だけの文化ではなく、高齢の団体が酒を飲みに来

※ニューフンドン・ナイトクラブ
店名：New phuong dong
【住所】18 Dong Da, Da Nang
【営業時間】19時30分～26時
【HP】Facebookで「New phuong dong」と検索
【予算】ドリンク５５０００ドン～（土日は入場料２万ドン）

※TVクラブ
【店名】TV CLUB
【住所】118A Nguyen Chi Thanh Street,Hai Chau Dist, Hai Chau, Da Nang
【営業時間】20時～26時
【HP】https://www.facebook.com/TVClubDN/
【予算】ドリンク7万ドン～

ていたりする。中高年の社交場にもなっているわけだ。

また、ローカルのバーを巡るのもなかなか楽しい。住宅街や学生街の周りにはカフェ＆バーのような店も多い。こういうところでは変に溶け込もうとせず、「ワタシ、外国人です」といったオーラを逆に発していると、地元の若者たちから話しかけられたりする。まあ、基本的に近づいてくるのは、※**男であることが多い**のだけれども。

通りには写真のようなオシャレなバーが集まる

　ベトナムにはまだ女性が男性に声をかけるような風潮はない。むしろ、こちらから積極的に声をかけると案外受け入れてもらえたりすることもある。

　バクダン通りも同じで、お洒落なバーに座り、「いつでも話しかけてちょうだい」という空気を醸していれば、隣の席の若者たちが気さくに声をかけてくる。こちらから調子に乗って、※**乾杯をしかけてもいい**。

※**男であることが多い**
同性愛とかではなく、あくまでもノンケが多いのだが、酔っ払っていることも多いのでときどき面倒くさい。

※**乾杯をしかけてもいい**
日本人の乾杯は一般的に飲み始めのかけ声で1回だけだが、東南アジアでは何回でも乾杯をするので、ときどき話題を切り替えるときが乾杯のタイミングになって、何に乾杯しているのかわからなくなる。だから、相手の会話を遮ってでも乗り込んでいくとうやむやのうちに打ち解けてしまったりするのだ。

バクダン近くには、ベトナムで一番高いルーフトップバー（※）がある

バクダンが便利なのは、近隣にも飲食店の多いエリアがあることだろう。ベトナムの小さなバーはつまみ類が充実していないことが多いので、腹ごしらえをしたいときに周囲にレストランがないとつらい。

うまいかどうかはわからないが、タイピエン通りに「**江戸寿司**※」という屋台風の食堂があった。執筆時点では検索に一切かかってこないという怪しい店で、入っているのもベトナム人ばかり。そんな怪しい店を攻略するのもおもしろいのでは？

結局のところ、ダナンの夜というのはバクダンに始まり、バクダンに帰着する。

そんなことを、飲み終わったあとにハン川を眺めていて思ったのだった。

※ベトナムで一番高いルーフトップバー
ベトナムで一番高い場所にあるバーはこの「スカイ36」で「ノボテル・ダナン・プレミア・ハンリバー」36階にある。18時から営業しており、一番安いのはビールで、それでも18万ドン。高い場所、高い酒、そして大したことのない夜景。

※江戸寿司
Facebookのページは存在（「EDO SUSHI」で検索）。ダナンは海の街なので海鮮はいいのかもしれないが、日本人がいないとしたら、寿司はちょっと怖い。それであれば海側にある「一寸法師2」の方がいいだろう。ダナンの主と呼ばれる日本人がいる店で、海鮮料理がおすすめだ。

【中部 ダナン】観光名所はただの橋、何もない街ダナン

ネットにおけるベトナムのネタ（夜情報だけでなく観光情報など全般）は人気渡航先でありながらも欧米やタイと比べたら格段に少ない。ハノイやホーチミンでさえも数年前のトピックが検索上位に来るほどで、最新情報は現地で得るしかない状況だ。

ダナンの夜情報を検索すると、目新しい情報はほぼ皆無で、健全な夜遊びなら日本語だけでなく英語サイトでもバクダン通りに行くように勧められている。それならばとダナン市内の観光名所を探してみると、なぜかやたらと橋ばかり引っかかる。ダナンには市街地を分断するように※**ハン川**が大きく横たわっている。橋を取り上げたくなる気持ちもわかるが、これだけ橋がクローズアップされる都市も珍しいのではないか。

ということで、ダナンで人気（？）の橋をいくつかご紹介しよう。

まず最初に登場するのは、市街地からかなり遠方にあるが巨大なので間近に見える「トゥアンフオック橋」。ハン川の河口にある吊り橋で、全長約１８５６メートル。２００９年に

※ハン川
ベトナム南中部の川。ダナンで南シナ海に注いでいる。

ハン川

完成したベトナム国内最長の吊り橋（吊り橋以外にはこれよりも大きな橋はある）。橋の上で記念撮影できる場所もあるというが、すいません、面倒で行っていません。

次に登場するのが、「ノボテル・ホテル」近くにある「**ソンハン橋**※」という旋回橋。

この橋は、平日なら深夜1時、週末だと23時ごろから橋が回転する。船が通るためなのかどうかわからないが、それを見ていったいなにがおもしろいのやら。このソンハン橋はベトナム初の可動橋であるのだが、この橋ができるまでダナンは川を渡ることが不便な状態で、ダナンが発展しなかったそうだ。そんなソンハン橋が架かったのは、なんと２０００年。わりと最近の話である。回ることよりもそっちの事実の方が衝撃的だ。

そして最後にご紹介するのが、ダナン最大の名物「**ドラゴンブリッジ**※」だ。

このドラゴンは世界最長の鋼鉄製橋だそうで、ギネスにも申請中なんだとか。２０１３年の開通以来、ミーケビーチや空港、市内の主要道路を最短で結ぶことから、ソンハン橋よりも主要な橋になったという。

●ドラゴンのショーが圧巻と聞いたのに……

このドラゴンブリッジでは、土日の夜9時に海の方を向いたドラゴンの口が火を噴くという。毎週末、ダナンや周辺の若者たちが見物のために集まる、名物イベントだ。

ドラゴンの頭付近には、橋の下にある公園やマーライオン風の像「**カーチェップホアロン**※」

※ソンハン橋
レズアン通りに直結し、ハン川を海側に渡るとそのままホテルや飲食店が建ち並ぶエリアを通過する。突き当たりは「ビエンドン公園（イーストシー公園）」になる。

※ドラゴンブリッジ
長さ約６６６メートル。黄金の竜がモチーフとなったデザインが特徴的。夜には１万５０００個のLEDライトによる光の演出があり、黄色だの赤だの青だの緑だのに一定時間ごとに変化する。

奥に見えるのがドラゴンブリッジ

（マードラゴン）」へと続く階段がある。この階段のあたりが特等席で、大迫力のドラゴンブレスを堪能できるらしい。そんなことを聞いて、ボクはやってきたわけだ。

ドラゴンブリッジの龍の頭。ここから火を噴くというのだが…

宿から橋まで思ったよりも近く、ショー開始の30分前に到着した。だが周囲に人影はなく、本当にショーをやるのか不安になる。15分前になると徐々に人が集まりだし、警察官が交通整理を始めた。３分前、橋が通行止めになり、ついにショーが始まった。

ファンタジー映画のドラゴンのように、ブオオオオオッと盛大に噴射するのかと思ったが、ダナンのドラゴンはなんとも迫力に乏しい。ボッ、ボッと途切れ途切れで、しかもリズムが悪い。だいたいショーなら勇壮なＢＧＭのひとつでも流してよさそうなものだが、まったくの無音。口の中に設置されたガス管から炎が出る「ボッ」の音だけがむなしく響く。

まだショーは途中だが、白人の観光客が早々

※**カーチェップホアロン**　コイの滝登りをモチーフにしたという、顔がドラゴンで体が魚の白い石像。川に向かって口から放水する。ホーチミン在住の日本人によると、「ダナンはシンガポールを目標にしている」とのこと。「だったらまずはマーライオンから」なんて発想で、こんなモノを建てたのかもしれない。

カーチェップホアロン

火の勢いは弱々しく、ボクの心はどんどん冷めていった…

と帰り始めた。ボクも帰ろうかと思ったが、もしかしたら※**このあとにすごいことが起こるかもしれない**と、ついつい待ってしまう。

そのうち火炎も止まり、しばし静かになった。え、終わり？　そう思ったのもつかの間、ドラゴンの口からプシュウウウウウとなにかが飛び出してきた。水？　火炎のあとは水を飛ばしている？

こちらはプロジェクターを向けたら映画が映せそうなくらいの水量だ。たまたま風上にいたのでよかったが、風下になる反対車線で見ていた人たちは逃げ惑っていた。土砂降りを凌駕する水量なので、デジカメやスマートフォンは一撃アウトだろう。

その後、2セットくらい火炎と水をまき散らしたが、いずれにしてもテンポが悪すぎる。※**こんなの1回観れば十分**だが、若者があれだけ来ていたのだからきっと観客の大半は初めてではないはず。よほど暇なんだろうな！

※このあとにすごいことが起こるかもしれない
職業柄、もしかしたらなにかが起きて、いいネタを掴めるかもしれないと思わず待ってしまう。しかし、これでいいネタを掴んだことはかつて一度もない。

※こんなの1回観れば十分
ルーフトップバーの「スカイ36」からも橋が見え、店員に火炎ショーはよく見えるかと訊いたところ、「見えるけど迫力はない。そもそも目の前で見ても迫力がないんだからね」と言っていた。

【中部　ダナン】

超アウトな和菓子店をダナン下町で発見！

東南アジアは権利という意識に欠けているところがあって、特にベトナムは町中にニセモノがあふれている。洋服から雑貨までなんでもかんでも海賊版がある。ダナンの下町を歩いていたら、なんとまあここまでアウトってあるか、というくらいにアウトな店があったのでご報告差し上げたい。しかも飲食店という、なかなか珍しいパターンだ。

この店に関してはおそらくアウトと感じるのは日本人だけだと思う。なにを売っているのかというと、どら焼きだ。どら焼きといえば日本人ならなにを思い浮かべるだろうか。100人中99人以上がドラえもんを思うのではないか。そう、この店、完全にドラえもんをモチーフにしている。

店名は「**ティエム・バンラン・ドラエモン・ダナン**」※。

ティエムは店で、バンランは蒸しパンという意味のよう。要するにどら焼きを指すと見られる。店名にドラえもんが入っている時点で1ストライクを直球で。さらに店頭に日本語で

※**ティエム・バンラン・ドラエモン・ダナン**
【住所】104 Trung Nu Vuong Da Nang
【HP】https://www.facebook.com/ippaicake.kythu

店の外観

「一緒にドラえもん〜」と言い逃れできない文面を堂々と掲げる

書かれた「一緒にドラえもんの世界どらやきへ飛び込んでみましょう！」という、完全に意味不明であるものの、ドラえもんを意識していることの証拠となる文面で2ストライク。そして、店のロゴやあらゆる場所にドラえもんの絵がある。ここまでストレートの3ストライクは珍しい。

　では、さっそく店内に。店頭ではどら焼きだけでなく、**たこ焼きやたい焼き**※まで掲げる節操のなさ。実際にメニューとしてこの3つは存在し、わざわざどら焼きを焼く機械、たこ焼き、たい焼きの機械と、オリジナル設計なのかどうかわからないが、ちゃんと設置して自家製造となっている。

　これだけ日本のものを扱うのだからと店員に声をかけてみたが、なんと驚くべきことに、一切日本語が通じない。英語すらもほとんど解さない。**どうやって看板を作ったのか謎すぎる**※。

※たこ焼きやたい焼き
たこ焼きはちょうど休止中だったので食べられなかったが、ベトナム人はタコを食べるようなので、タコ入りだとは思う。ちなみにタイは元々タコを食べないので、たこ焼きにカニカマやイカが入っている。たこ焼きは1個5000ドン（約24円）、たい焼きはひとつ6000ドン（約29円）。

※どうやって看板を作ったのか謎すぎる
きっと自動翻訳だとは思うが、そこまでネットを駆使するなら著作権とかも調べればいいのに。

パンケーキ風のどら焼き。味はいまいちだが、細かい所まで手が混んでいる

どら焼きはあんこはもちろん、チョコクリーム、生地が抹茶のチョコクリームと、バリエーションはある。※**1個1万ドン前後**で安くはないが、とりあえず試さないことには話にならないので、注文してみることにした。

●なんか許してもいいようなマズさ…

基本的にはテイクアウトの店なので、できあがると袋に入れてくれる。袋はセロファンではなく、分厚いビニール袋。案外にちゃんとしていて、清潔感がある。供されたときにハサミも一緒に渡されたが、確かに素手で開けることが困難なほどしっかりと包装されていた。宿に持ち帰ったら食べられないところだった。

どら焼きの表面には※**ちゃんとドラえもんの絵**が焼き色でつけられている。こうなるように焼く機械を作ったということか。妙なところで情熱的だ。

味は、まあひどい。どら焼きはホットケーキ

※1個1万ドン前後
正確には、あんこが8000ドン（約38円）、チョコレートなどが1万ドン（約48円）、抹茶が12000ドン（約58円）だった。東南アジアの人はなぜこんなにも抹茶が好きなんだろうか。アイスでもなんでも、最近は抹茶味を見かける。

※ちゃんとドラえもんの絵
写真を見てもらうとわかるが、目の上の線が眉毛のようで、あくどい顔つきになっている。これは抹茶味の絵で、味ごとに絵が違う。なぜそこに情熱を捧げたのか。

のような食感。どら焼きと言われて食べると赤点だが、ミニ・ホットケーキだと思えば食べられなくはない。チョコ味は悪くはない。肝心なあんこバージョンはダメだった。小豆じゃなくて納豆で作った？　というような発酵臭がわずかに感じられた。

　店内もわりかしきれいだが、「あなたと日本の食文化を探求する」とか「※**あなたが足を踏み入れるドラえもんの漫画の世界**」といった謎の日本語がB級感を加速させる。

　湯飲みも来た。なに？　お茶？　と思えば、湯飲みに入った水。あと少しのところで外す、このB級のテクニック。わざとだとしたらフードコーディネーターとして大成できそうなほど、ある意味徹底している店と言える。

　全然言葉が通じない中、店主らしきベトナム人が話しかけてきた。カタコトの英語で訊いてくる。

「日本と同じ味ですか？」

　違うね。英語でそう即答したが、まったく通じていなかった。じゃあ、なんで話しかけたんだ、こいつ。すごいな。

※**あなたが足を踏み入れるドラえもんの漫画の世界**　ご覧のようにフォントも微妙な雰囲気。日本語としては間違っていないのだが、なんだか不気味なコピーだ。

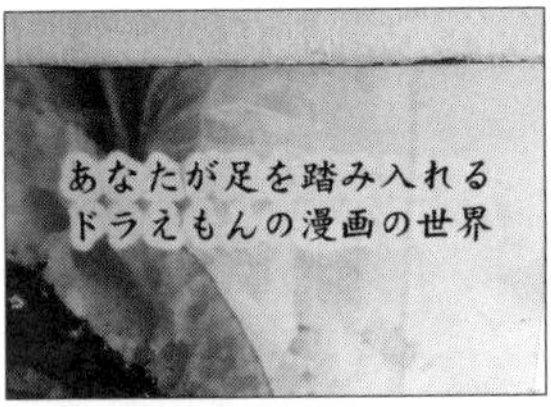

気持ち悪いキャッチコピー

【中部 ダナン】

ダナン～古都フエ、ゆるり鉄道ひとり旅

フエはベトナム最後の王朝である**阮朝**※があった場所で、1802年から1945年まで都が置かれていた。フォーン川を挟んで東側が新市街、西側が旧市街で、特に旧市街には王宮「阮朝王宮」のほか、たくさんの美術館や博物館がある。1993年にはベトナムで初めての世界文化遺産に古い建物などが登録された。

ボクも年を取ったようで、かつては古いものに一切の興味がなかったが、遺跡などを見て昔の人々の生活に思いを馳せたりするようになった。だから柄にもなく、フエぐらいは見ておこうと重い腰を上げた。

さて、ダナンからフエへの行き方は大きく分けて3通りになる。バスかタクシーか列車だ。一番ラクなのはタクシーをチャーターする方法だが、コストパフォーマンスとロマンで選ぶとすれば、ベトナム統一鉄道でフエまで移動した方が思い出になる。

国鉄ダナン駅からフエ駅までは**5・9万ドン**※。所要は約3時間半。タクシーなら新トンネル

※阮朝（ぐえんちょう）
現在のベトナムとほぼ同じ地域を支配した。1887年からはフランスの統治下に置かれ、1945年、日本の援助を受けて宗主国のフランスから独立。ベトナム帝国となったが、ほどなくして日本が敗戦。ベトナムでは8月革命により皇帝は退位し、王朝は終焉した。

※5・9万ドン
ネットで検索すると料金は7万ドンなどと書かれているが、ボクが払ったのは5・9万ドンだけだった。

の開通で2時間程度で着くようだが、まあ急ぎでないのでそこまで早く行く必要もない。

それに、噂では鉄道は海岸沿いを走るため、海沿いの絶景を見られるという。ということで、ボクはベトナム鉄道ひとり旅を楽しむことにした。

●外国人は車両を勝手に決められる

ダナン発のフエ行き列車は朝3時ごろから**1日9本**※ほどある。

車両はシートがふかふかのエアコン付きソフトシート車両と、椅子が硬いハードシートのエアコン、ノンエアコン、それから4ベッドの寝台、6ベッドの寝台がある。基本的には外国人はソフトシートの車両の利用が前提で、駅窓口で切符を買う際にパスポートの提示を求められる。ベトナム人もエアコン車両にいるが、大半がハードのノンエアコンに行くため、平日はがらがら。指定席になっているものの、自由に座れる状態だ。

車内は日本の特急と違って、折り返しの駅で座席が進行方向にくるりと向き直すような装置はなく、ちょうど車両の真ん中で向き合う形になっていた。数人で行く場合は真ん中狙いで座るといい。また、海沿いの絶景はダナンからだと進行方向に右側になるので、席もそちらに面した側がいいかもしれない。

さて、当日、朝6時45分の出発に合わせて**駅に着くも、窓口には誰もいない**※。ギリギリの時間にオープンして切符販売が始まるが、ベトナム人はみんな切符をすでに持っているよう

※**1日9本**
電車の本数は時期によって異なるようなので、旅行前にベトナム国鉄のHPをチェックしておこう。
【HP】www.vr.com.vn/en

※**駅に着くも、窓口には誰もいない**
ベトナムの窓口あるあるで、いないことに驚くことはない。そもそも国鉄のネットでチケットを押さえられるみたいで、支払いはカードか郵便局で支払える。ただ、チケットの受け取りは当日までに駅にて、ということらしいが。

で、外国人くらいしか窓口に並ばない。しかも、始発のはずなのにすでに30分遅れが確定している有様だった。

ダナンからフエに向かうベトナム国営鉄道の電車

ベトナム語で駅はガーという。声調記号がアルファベットにつくのがベトナム文字になるわけだが、記号を無視すればGAと書く。鶏肉のご飯はコムガーだが、この鶏もまたGAになる。声調を間違うと、ダナン駅は「ガーダナン」なので、ダナンの鶏と聞き間違えられる可能性もある。言われてみれば、※**ハノイでも「ガーハノイ」で通じたためしがない**。

さて、ベトナムでは※**出発の列車が来ないとホームに入れない**。だから乗り間違えることもない。そもそもダナン駅は小さいので、それでなくても間違える心配はないだろう。ホームには食堂や商店が並ぶが、ホームに入れる時間が決まっているので買いものをしている余裕はない。もちろんほかの乗客も同様なので、ではな

※**ハノイでも「ガーハノイ」で通じたためしがない** ベトナムはバスなどの移動手段よりも時間がかかる上に料金が高い。だから、そうめったに国鉄駅に行く用事はないのだが。

※**出発の列車が来ないとホームに入れない** だから、列車の写真を撮りたい場合は駅ではなく、街の線路で待って撮影するしかない。仮に乗ったとしても乗降時に急かされ、さっさとホームから追い出されるので撮っている暇はない。

ぜそこで開業しているのかと不思議に思ってしまう。フォーも売っていたので、車内で食べることもできるのだとは思う。

●写真重視ならノンエアコン車両

席はがらがらなのだが、みんな進行方向に向いた席を選ぶ。といっても、ボクを含めて9人くらいしか乗っていない。**窓側は選び放題だ**※。

列車は遅れると宣言していた時間ぴったりに動き出した。バスもそうだが、旅というのは乗りものが動き出した瞬間が一番ウキウキする。列車はしばしダナン市街を走る。大きな踏切、小さな踏切。それから線路にギリギリ面した商店を通り抜けていく。本数が少ないこと、鉄道の敷設エリアへの侵入に関する考え方が日本とはまったく違っていて、ベトナムでは各地で線路も一般道かのように商店が間口を向けている光景がよくある。

しばらくしたら風景に緑が多くなる。山が左手に見え始める。いよいよ絶景に近づきつつあるようだ。ダナンから1時間が経ったくらいだと思う。**グーグルマップで現在地を確認**※し、カメラのスイッチを入れ、窓外にレンズを向けた。

……ショック。窓自体が汚れでくすんでいて、まったく写真を撮ることができない。ただでさえ曇り空でコンディションが悪いというのに、ピントがどうしても窓の汚れに合ってしまって、海の様子がわからない。目視では湾曲したビーチが見える。マップ上ではビーチま

※窓側は選び放題だ
そもそもは指定席だった。が、9人しか乗っていないのに、狙いすましたかのようにボクの席にはほかの人が座っていた。やむなく違う席に座った。

※グーグルマップで現在地を確認
一応車両にはＷｉ－Ｆｉのマークが貼ってあるのだが、残念なことに無料Ｗｉ－Ｆｉはなかった。だから利用しているのはオフラインマップである。

失敗したビーチの写真。汚れた窓ガラスのせいで台無しに

での道路はなく、海からしか来られない砂浜だ。さぞやきれいな風景だろう。しかし、カメラはそれを認識できなかった。**※ハードシートのノンエアコン席**だったら窓が開いているので、そこから撮影ができたはずだ。

一番の目的を外してしまい、あとは適当に窓外を眺めて過ごす。ダナンからフエの間にある駅にも停まるので、その都度興味深い景色はあった。**※鉄橋の真横に渡されたバイク用の橋**や、その辺りで遊んでいる子どもたち。フエに近づくと再び窓の向こう側が賑やかになる。

そうしてフエに到着した。出発から3時間半。午前11時前のことだ。フエ駅のプラットフォームを写真に収めてまわろうとしたが、基本的に降りたらすぐに構外に追い出される。

ならば帰りも鉄道で。そう思ったが、ダナン行きの次の列車は20時台。さすがにそこまでフエに長くいるつもりはない。結局、帰りの選択肢はバス一本に絞られたのだった。

※ハードシートのノンエアコン席
一番安いので、地元民はみんなこの車両に乗っていた。中にはかわいい女の子もいたので、こっちに乗っておけばロマンスのひとつも始まっていたかもしれない……などと思ったり。

※鉄橋の真横に渡されたバイク用の橋
日本では見かけないような橋で合理的だし、ベトナムっぽいしで、いちいち感心させられる。窓外を飽きずに眺められる旅でよかった。

【中部　フエ】
ストーカーになった曇り空のフエ

ベトナム取材旅行は※ノービザ滞在の15日間を丸々使い、各地を巡る旅を何回かに分けて行った。15日間だとポケットＷｉ‐Ｆｉのレンタルや、旅行者向けの短期ＳＩＭカードでは使用期限が合わないし、金もかかりすぎてしまう。そもそもベトナムは全土的にＷｉ‐Ｆｉが使いやすくてネット環境の確保は難しくない。だから、いつも携帯電話は特別な契約をせずに持って行っている。特に誰に電話するでもないし、常日頃からミニマムに生きているので、かかってくる電話もない。

ただ、街を歩く上ではマップはほしい。そのときに重宝するのが※**グーグルのオフラインマップ**だ。事前にスマートフォン上に行きたい場所の地図をダウンロードしておくと、ネットに繋げなくてもその地域のマップを見ることができる。徒歩での所要時間は出ないが、オフラインでも経路や場所の検索ができるので便利だ。

そんなマップは当然ながら尺度などは共通であるはずなのに、ダナンやフエの中部におい

※ノービザ滞在の15日間 原則として帰りのチケットを持っていることでビザ免除の15日間滞在が認められる。様々な制約があるので、詳しくは２４４ページ参照。

※グーグルのオフラインマップ 【iOS用】http://bit.ly/2JUqiyX 【Android用】http://bit.ly/2rmMNWr

ては距離感覚がなかなか掴めないでいた。地方都市なので小さいという思い込みがあったのだが、実際に歩いてみるとかなり広かった。道路の幅もハノイの小路とダナンの大通りが同じサイズで描かれていることも錯覚した理由かと思う。ダナンもフエもとにかく大通りは大きかった。※**中国のザ・大陸的な幅の広さ**で、距離感が完全に狂った。

タクシーを使えばそれでもよかったのだが、とにかく小さなハッとする発見を見逃したくなくて、極力歩く努力をしたというのもある。出版業界では※**ネタは脚で探す**という言葉があるが、それはあながちウソでもないのだ。

さて、鉄道でフエまで小旅行に出かけたときのこと。

前項で書いたように乗車した車両はガラガラで、ベトナム人が3組くらい。外国人はボクと韓国か日本から来たと推測される女性がひとり。特に話しかけることもなかったので、正確

フエはのんびりとした田舎町という印象。けっこう大きなスーパーがあった

※中国のザ・大陸的な幅の広さ
上海や深圳、東莞に行ったことがあるが、中国の道は広いと思った。不思議なのは、あんなに広いのになぜ渋滞するのかってことだ。フエも道幅は広め。ダナンほど栄えていなかったので、車の数も少なく、だからより道幅が広く感じられた。

※ネタは脚で探す
特にベトナムはネタの宝庫なので、車ですべてを見逃すのはもったいない。

な国籍はわからない。台湾や香港、シンガポールも考えられた。

フエに着いて、まずは**ブンボーフエ**※の有名店に行こうとその店まで歩いた。一応取材でもあるので、駅前の写真を撮影し、帰りの列車は何時まであるのかを調べてから出発。同じ列車で来た人のほとんどがすでにタクシーでどこかに行ったあとだった。

ブンボーフエの店までがまた遠かった。昼時で、朝からなにも食べていなかったからなお疲れた。距離は2キロ弱。道中、マップにはなかった工事などもあったし、ベトナムは歩道もガタガタで歩きにくい。

●フエまでの列車で見かけた女が

15分くらい歩いたら、前方から列車で見かけたあの外国人女性が歩いてきた。向こうはボクに気がついているのかいないのか。オフラインマップを見ても、その近辺になにかあるわけでもない。どこに行くのかな、くらいしか思っていなかった。そうしてブンボーフエに到着してブンを食べていると、またあの女が……。ボクに気がついているのかどうかわからないが、結局彼女もブンボーフエを探していたのか、同じ店に入ってくる。

ボクは取材なので、ブンの写真を撮ったり、店員さんを隠し撮りしたり（かわいい子がいたので個人的に）、無料Wi‐Fiでメール確認をしたり。取材を終えて会計をし、**王宮**※に向かうぞ！　と気合いを入れて外に出たら、ちょうどその子も店から出てきた。駅からブン

※ブンボーフエ
フエの名物料理。牛肉ライスヌードル。フォーは平打ち麺なのに対して、ブンボーフエは太麺という特徴がある。詳しくは190ページ。

※王宮
阮朝王宮で「フエ王宮」とも呼ばれる。ユネスコ世界遺産。入場料は大人15万ドン、子ども3万ドン。「フエ宮廷骨董博物館」の入場料も含むが、言わないとセットチケットを渡してくれないので注意。

※フォーン川
全長約67キロの川でラオス国境付近から南シナ海に流れ出る。ちょうどフエの旧市街と新市街を分断し、河沿いではナイトマーケットが開催されたり、川下りも楽しめる。

ボーフエ。これ絶対、王宮行くパターンでしょ、彼女も。なんか嫌だなとそのときからふと思い始めた。

王宮に向かう橋。左側にいる帽子の女性が本文で話題にしている人

小型飛行機なら離発着できそうな広い道路をボクは渡り、小路に入る。グーグルマップが抜け道を示している。彼女はそのまままっすぐ行った。王宮に行くかもしれないというのは考えすぎだったか。

裏道の市場や病院の前の出店などを撮影しながらブラブラ歩き、王宮の前の※**フォーン川**を渡る。あいにくの曇りで絵的には美しくない。また王宮周囲は観光バスなどがたくさん走っていることもあって、なかなかいい写真が撮れないという残念なスポットでもある。それにここまで来るとやはり世界的な観光地。※**三輪自転車**の勧誘もしつこい。

そんな連中を交わしながら外壁などを撮っていると、現れたるはヤツ。あの女、やっぱり王

フォーン川

※三輪自転車
いわゆるシクロというやつ。言い値では1時間100万～150万ドンだったが、フエ観光局サイトでは7万～10万ドン（約340～480円）。全然違う！

勧誘がしつこい三輪自転車

宮に来たか。なんかちらっとこっちを見た彼女の歩みが若干速まった気もするが、結局彼女もいろいろ撮るので立ち止まる。そこをボクが追い抜き、ボクが撮っていると彼女が追い抜き……。なんか気持ち悪い。さっさと行けよ。

チケット購入場所では時間をずらそうと、ちょうど**アオザイを着て記念撮影をする集団**※に出くわしたので、それを撮ってみる。が、全然チケットを買っていない。じゃあ、先に買って入ろうと思えば、ちょうど彼女も窓口に来る。ヤバイヤバイヤバイ。絶対に変な奴だって思っているに違いない。

その後も王宮内で追い越し追い越せ。互いに牽制し合うが、なにせ見学しているのだからタイミングはどうしても重なってしまう。そうしたら彼女、普通なら右回りで見る場所を左回りし始めた。完全にボクがヤバい奴だと思ったに違いない。逆だからな！　オマエがボクのあとをつけているんだからな！　かわいいならともかくさあ……、まあその先は言わないけれども。

※アオザイを着て記念撮影をする集団
こういった歴史的建造物の周辺などにはアオザイの集団がいて、いつも記念撮影をしている。多くが女性ばかりで、ひとりふたり男性が交じる。その男性の素性を逆に知りたくなる。

アオザイを着た集団

【第三章】

ベトナム食い倒れグルメガイド

詳しい地図はこちら！

http://bit.ly/2rEY84m

麺類から焼き肉まで激ウマ料理が盛りだくさん

ベトナムの魅力は食にあり★

ベトナム料理は多彩だ。高級で正統派の料理を始め、ゲテモノまで多種多様な種類がある。魚料理、肉料理、麺類、スイーツ。すべてが独特でありながら、日本人にも親しみやすい味わいがある。

中でもベトナムでは屋台などで食べられるB級グルメを食べてもらいたい。昆虫や犬など、食べるには勇気がいるものもあるが、そこまでアグレッシブになる必要はない。単に道端の屋台や食堂で食べられるものでいい。まさにこれこそ「ベトナム　裏の歩き方」の王道でもある。

食堂の食べものと言えば、まず代表が麺類だ。ベトナムの麺というと多くの人がフォーを思い浮かべるだろう。確かにベトナムでは米粉から作った麺が主流であり、中でもフォーはおいしいのも事実。ベトナム国内ならどこで食べても日本のベトナム料理店で食べるフォーより段違いにおいしい。

しかし、ベトナムの米粉麺はフォーだけではない。そうめんのように見える麺、タイやカンボジアにも伝わった中国発祥の米粉麺、さらには米粉だけでなく小麦粉で作った麺や、インスタント麺を使った料理まで様々ある。麺とひと口に言ってもベトナムは奥が深い。

ベトナムは南北に細長く、かつては交通の便がよくなかったことから、地方性が強いとされる。そのため、北部料理、中部料理、南部料理が明確に分かれている。

今でこそ南部でハノイの料理が楽しめるし、ハノイで中部の人気料理が味わえるようになったが、それはごく最近になっての話だ。それまではその地方の料理を楽しみたければ、現地に行かなければならないというのが鉄則であった。

それは今も同じで、本当においしいものはその地にしかない。北部は12月から3月くらいまでは気温も10度前後になり、かなり寒い。そんな季節は鍋料理がいい。ハノイ市内には無数に鍋料理店があり、具材も個性豊かでおもしろい。

中部はホイアンに有名な麺料理があった。カオラウというもちもちした麺で、なんと日本の伊勢うどんが原型だとされる。何百年も前にここに来た日本人が伝えたとされるのだ

ベトナム特有の低い椅子で屋台メシをかき込む人々。ベトナムの食の真髄は屋台にある

が、おもしろいことにもちもちとした食感はこの町の片隅にあるある井戸で汲んだ水でしか再現できないという。つまり、ここでしか食べられない麺料理なのだ。

南部は生春巻き、ヤギの焼肉、カントーのマムという魚を発酵させたエキスを使ったスープなどが有名だ。これらはハノイにもいい店があるけれど、意外と生春巻きは店によって味わいやタレが違っているので、南部での食べ歩きもおもしろい。特に地方に行けば、春巻きの皮を作っているところも見ることができる。

日本のように国土の大半が海に面していることもあって、ベトナムは全土で質の高いシーフードも楽しめる。しかもちょっとした高級店でも日本と比べものにならないほど安い。生春巻きの皮で生エビを包んでみたり、ベトナムならではの食し方もある。

ベトナムは食事が安いことも大きなメリットだ。しかもビールが安い。ちゃんとしたレストランでも大瓶が1ドル程度。店によってはソフトドリンクよりも低価格だ。グルメ天国ベトナムで見つけた、おすすめの料理をこの章では紹介しよう。

【北部　ハノイ】

ブンチャーがベトナム麺類最強説

ボクがベトナム麺の代表として常々紹介したいと思っていたのが、北部の名物料理「ブンチャー」だ。水に溶いた米粉を微発酵させ型に入れ、ところてんのように押し出して茹でる生の麺の「ブン」を使ったもので、ハノイ発祥料理として人気。近年はホーチミンなどほかの地域にも専門店ができ、全土的に人気になっているという。

ハノイではハンマン通りの「**ブンチャー・ダッキム**」※という店が有名だ。ハノイ大教会からまっすぐ北上した場所にあってわかりやすい。

まずこの店のブンチャーはボリュームが半端ない。ブンは当然として、カブみたいなのが入ったスープにベトナム式の肉団子、豚バラ肉のスライス、揚げ春巻き（これだけ別料金）、酢漬けの野菜がひとつになっている。料金は1セット6万ドンくらい。他店の倍はするが、ボリュームも倍。女子ならふたりで1セットでもいいだろう。

食べ方は、小鉢に適量のブンを取り、食材も同時に適度に載せて、スープをかける。スー

※ブンチャー・ダッキム
【店名】Bún Chả Đắc Kim
【住所】1 Hang Manh, Hang Gai, Hoan Kiem, Ha Noi
【営業時間】9時～21時

ブンチャー・ダッキム

プは濃厚で、一見とんこつか鶏ガラの塩辛いスープに見えるが、動物性の食材はせいぜい**ニョクマム**※（魚醤）くらいしかつかっていないようだ。

「ブンチャー・ダッキム」のブンチャー。これだけあって１人前

豚肉とスープの絶妙なハーモニーと、ブンの食感がマッチする。なにより「ダッキム」は量がすごいので、最初からスープは2杯分来るなど、大満足で帰ることができる。

ハノイならどこにでもブンチャーがあって味も外さない。味がいい店、**オバマ元アメリカ大統領が来た**※という店など個性も豊かなところばかりだ。多くが3万ドンくらいで安く、入りやすいのもまたブンチャーの魅力でもある。

●名店にはいつも争いごとがつきもの？

さて「ブンチャー・ダッキム」がおもしろいのは、むしろ隣の店の存在が大きいとも言える。隣の店の確執が一瞬で見て取れるほどわかりやすく、見ていておもしろいのだ。

※ニョクマム
ヌクマムとも呼ばれる。タイのナンプラー、秋田県のしょっつると同じでいわゆる魚醤と呼ばれるもの。魚を塩漬けして発酵させ、風味や塩分を付け足す調味料として使われる。

※オバマ元アメリカ大統領が来た
ハノイ市内の「フーンリエン」というブンチャー店で、149ページの「フォー・ティン」に近い。オバマさんが食べたブンチャー、揚げ春巻き、ハノイビールで「コンボ・オバマ」というセットメニューもある。

というのは、1966年創業の「ブンチャー・ダッキム」の人気にあやかって、誰かが隣にブンチャーの店を開業。**いつオープンしたのかはわからない**※が、出し方や雰囲気などは完全丸パクリ。その上、「**ブンチャー・ハンマン・ナンバーワン**」※という店名にしてしまった。ダッキムをうろ覚えで来た人が「この辺でブンチャーのナンバーワンってどこ？」なんて来たら、間違ってこっちに流れてくるという、コントみたいな客引き手法だ。

　ダッキムの店内には隣はニセモノだと糾弾する垂れ幕がかかっている。しかし、取り締まる方法がないのか、ダッキム側は表立って批判していないようだ。確かに味としては断然ダッキム側に軍配は上がる。しかし、いつも満席のダッキムと、席が余っているナンバーワンだと、若干味は落ちてもニセモノに行ってしまう人もいるだろう。

　ある日、あえて体験しにナンバーワンに行ってみたときの話だ。ナンバーワンは向かい側と、ダッキムの隣の2つの店舗を持っている。ボクが座ったのはダッキムの隣だ。

　座ってブンチャーが来るのを待っていると、隣のダッキムの男性店員と目があった。食べるだけで同罪と認定されるのか、単なる客であるボクのことをスゴイ目で睨んでいる。よほど暇なのか、それとも彼のダッキム愛が凄まじいのか……。睨まれたらつまらないので、やっぱり本家のダッキムにいきましょう。

※**いつオープンしたのかはわからない**　取材時点でグーグルマップのストリートビューを確認すると、その店はまだ存在していなかった。

※**ブンチャー・ハンマン・ナンバーワン**　値段はダッキムと同じくらいだったはず。量は気持ち少なかったような……。

ブンチャー・ハンマン・ナンバーワン

【北部　ハノイ】
フィンガーボールが邪悪すぎるカニ屋台

ハノイの旧市街の中心地「ドンスアン市場」。ここの南側にカウドン通りがあって、さらに下のハンチェウ通りと結ぶ**小さな路地**※がある。

ぱっと見、怪しい阿片窟のような、危険な人たちが巣くうトンネルにも見えるが、地元民のための屋台街になっている。壁に沿って屋台が並び、おばちゃんたちがずらっと座る人たちに一心不乱に食べものを配膳している。

衛生的な面もあってか、ここで好きこのんで食べている日本人はあまり見かけないが、見た印象ではどれもおいしそう。麺類やご飯もの、シーフードなど何でも揃う。価格もローカル向けなので安い。庶民のための料理といった感じだし、どの店もおばちゃんと対峙して食べるような造りになっており、**ベトナムらしい雰囲気が満点**※だ。ただし、時折カメラを向けると盛大にキレるばばあもいるので、無理な撮影は禁物である。

そんな路地で食べられる庶民料理の中でもボクが興味を持ったのは、カウドン通り側で天

※**小さな路地**
一応、「ンゴ・ドンスアン」という名称がついている。

※**ベトナムらしい雰囲気が満点**
個人的には岩井俊二監督作品「スワロウテイル」（1996年）の雰囲気を感じて好きな場所でもある。

おばちゃんが売っているカニ屋台。屋台というよりは行商に近い

秤を担いだおばちゃんのカニだ。初めて来たときからいつも同じおばちゃんがカニを売っている。鮮やかな紅色と白い模様があるカニで、種類としてはワタリガニなのか。言い値は1杯10万ドンで、かごの下にある蒸し器で蒸されたカニを食べることができる。

ベトナムは食事が安く済むのが魅力だが、そこそこにいい食事は10万ドンというイメージがある。ダナンの子牛の丸焼き、※**ハノイの犬焼肉**。このあたりも1皿10万ドン以上となる。※**ドンスアン近くの路上焼肉**の1セット8万ドンを超えるのだから、カニもそれなりに貴重な食材なのでしょう。いずれにしても、日本円換算にすれば安いんだけれども。

様子見でまずは1杯だけを頼んだ。蒸している間に小さな椅子を出され、道端に座り込むように腰かける。カニは天秤の上に載っているものではなく、ちゃんと蒸したものを出してくれるのでアツアツ。殻にはちゃんとハサミを

※**ハノイの犬焼肉**
ドンスアン市場の近くを走る線路沿いに犬肉の鍋店があり、そこで焼肉も置いてある。それがひと皿10万ドンなど。

※**ドンスアン近くの路上焼肉**
153ページ参照。

カニは桶に入れて供される。ハサミで切れ目が入れてあるので食べやすい

入れてくれているから食べやすい。記憶が曖昧なのだが、**カニにつけるタレ**※もあり、ちょちょっとつけながら食べることもできる。

ただ、カニ自体の塩味が十分で、なにもつけない方が日本人的には好ましいと思う。そして、殻から吸い出すようにカニ肉を口に含むと、うん、なかなか悪くない。

●べとべとになった指を洗う水が……

食べながらほかの客を観察していると、ベトナム人もカニが好きなようで、意外と売れ行きはいい。子どもと来ていた中年のおっかさんは、子どもを立たせたまま、ひとりで何杯か食べて帰っていった。

ここは屋台でもあるので、ゴミ箱なんて洒落たものはない。道にそのまま殻をぷいと捨てるか、カニの載ったお盆に殻を積み上げていく。

ベトナム人は中国人を毛嫌いする※わりには食べ

※**カニにつけるタレ**
どう反芻しても、このタレがどういう味だったか一切憶えていない。たぶん1回つけただけで、あとはそのまま食べていたからだと思うが。

※**ベトナム人は中国人を毛嫌いする**
国境を接することもあり、ベトナムは過去、たびたび中国の王朝から支配・侵攻を受けてきた。そうした歴史的な経緯に加えて、近年、南シナ海問題が勃発。中国が南シナ海の領有権を主張したことで、両国の関係が悪化した。ハノイなどの都市部ではとくに反中感情が強く、嫌悪に近い感情を持つ市民もいる。

方は中国人っぽい。カニ屋台が去ったあともカニの香りが残っていたりするのは、人々が捨てたカニの殻のせいだ。もはやそれは香りではなく異臭。この屋台で食事をしたカニ先輩たちのカニ臭である。

とにかく、思ったよりカニの味はいい。そうなると残念なのが、飲みものがないことだ。おばちゃんが天秤でカニと蒸し器を担いでくるだけで、飲みものは一切扱っていない。だから、カニで1杯やりたい人はあらかじめどこかで**ビールなどを手に入れてくるしかない**※。

そんな道端の屋台なので、当然ながら手を洗う場所もない。ドンスアン市場の建物の中に有料のトイレがあるので、そこを利用してもいい。ただ、とりあえずおばちゃんも顧客サービスの一環か、フィンガーボールのようにバケツに手洗い用の水を用意している。

食べ終わったボクを見て、おばちゃんは「これで手を洗いな」とバケツを持ってきてくれた。中を見た瞬間、吐き気がした。

バケツの中の水は、この世のものとは思えない黒い色をしていた。何十人という客がこの水で手を洗っていったのだろう。色が邪悪すぎる。カニの汁で汚れた手を洗っているので、臭いもひどい。雑菌どころか、なにか新種の病原菌が繁殖しているような、そんな色だ。

ボクは有料でもいいので、**市場のトイレ**※に向かった。もしおばちゃんが漢方のような薬草を入れたためにあの色をしていたのだとしたら申し訳ない。でも、やっぱりあの黒い水はアウトだよ、おばちゃん。

※**ビールなどを手に入れてくるしかない**
といっても、近くにコンビニや商店があるので入手は容易。コンビニならハノイビールの330ミリリットル缶が9800ドン（約47円）。

※**市場のトイレ**
ドンスアン市場の建物を正面から見たら奥、裏手の方。カニ屋台からはドンスアンの建物を前に見たら右に行く。

【北部 ハノイ】

日本人ばかりの人気の牛肉フォーの店

フォーに目覚めたのは、2015年9月ごろだ。それまでも何度もハノイに通っていたが、フォーに興味を持つことはなかった。しかし、当時ハノイに住んでいた友人Kに勧められて、ロドゥック通りにある「**フォー・ティン**」※に行った。夕食時というのもあったにせよ、確かに常時満員のような食堂だった。

フォーは米粉の麺で、麺自体にコシがないのでボクは好きではなかった。「フォー・ティン」は基本的にはフォーしかないのか、みんな牛肉のフォーを頼んでいる。ベトナムの麺料理は量が多くていいが、その時点ではボクのフォーへの評価が低く、食べきれるかすら心配だった。店員が注文を取りに来る。友人はベトナム語を使うものの、店員が妙に外国人に慣れている雰囲気をボクは感じた。

軽くビールを飲みながら待っていると、フォーがやってきた。ボクは度肝を抜かれる。こんなフォーが、この世にあったのか！ と。目の当たりにした丼にはたっぷりのネギと肉が

※**フォー・ティン**
【名称】Phở Thìn
【住所】13 Lo Duc, Ngo Thi Nham, Hai Ba Trung, Ha Noi
【営業時間】6時～20時30分

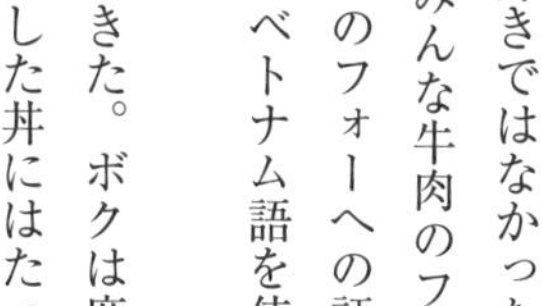
フォー・ティン

「フォー・ティン」の牛肉フォー。奥に映っているのが揚げパンだ

載っている。丼からはいい香りが立ち上り、食欲をかき立てる。

アツアツの肉を箸でつまみ、口に運ぶ。するとどうだ。思った通り、赤身の肉の香りが口いっぱいに広がる。ちょっとしたしゃぶしゃぶ気分。噛むほどに赤身のうま味が口に溶け出してくるようだ。※**麺こそ柔らかくてコシはないが、実に絶妙なバランス**。この店が人気であることがよくわかった。

ほかにもいいと感じたのは、朝食などで中国やタイで好まれる揚げパンを浮かべて食べることだ。ドーナッツの甘みのないものといった感じで、そのパンがスープを吸い、絶妙な食感に変わるのだ。

夢中になって食べていると、ふと周りの声が気になってきた。顔を上げてみると、2、3組だけベトナム人で、あとはすべて日本人だった。※**在住者にはよく知られている**ようで、日系企業の出張者と駐在員らしいグループや、大

※**麺こそ柔らかくてコシはないが、実に絶妙なバランス**　柔らかいことが気にならないどころか、だからこそおいしいのだということ。本当にこの瞬間に蒙が啓かれた。

※**在住者にはよく知られている**　検索すればバンバン情報が出てくる人気店だった。

※**ハノイ大教会**　1888年に完成した教会で、今も現役で利用されている。そのため、周辺の宿は早朝の鐘の音でややうるさい。日中や平日はフォトジェニックな場所としてベトナムの若い人が集まって写真撮影をしている。

学の研修か交換留学とみられる一行、観光客などがたくさんいた。店員は外国人慣れしているわけだ。

「フォー10」の牛肉フォー。赤みがかったレアな牛肉がたまらない

ホアンキエムから遠くなく、エリア的に大ざっぱに言えば32ページで紹介しているカラオケ店が多いハイバーチュンにある。夜遊び前の腹ごしらえにも向いている。

●旧市街にも常時行列の人気店がある

わざわざそこまでフォーのために行く？ という人には旧市街のおすすめ牛肉フォーの店を紹介したい。「**ハノイ大教会**※（セント・ジョセフ教会）」のあるリークオックスー通りにある店で、オレンジの看板が目印の「**フォー10**※」というところだ。

ここのメニューは牛肉のフォーだけで、6万ドンから8・5万ドンまである。肉の種類やレアかウェルダンの状態などの違いで、英語表記

ハノイ大教会

※フォー10
【名称】Phở 10
【住所】10 Ly Quoc Su, Hang Trong, Hoan Kiem, Ha Noi
【営業時間】6時〜14時、17時半〜22時

フォー10

だから外国人でもわかりやすい。一番高いやつはスペシャルの全部乗せになる。

ウェルダンでもレアっぽくて赤みが残っている。ボクは「生」という言葉に弱い。生ビール、生肉、生酒。生がつくとワンランク以上おいしくなっているような気がしてならない。この生肉風牛肉もまた、ボクにとってそそられる要素になる。

この店も※**「フォー・ティン」に負けず劣らず実に美味**。肉も麺もたっぷりで、6万ドンの普通のタイプでも十分食べに来た甲斐があると感じる。ボクなんかはハノイに泊まるときはだいたいこの辺りなので、最近は「フォー・ティン」よりもこちらに来てしまう。

ただ、本当に人気があって、昼時から夕食時までいつも行列ができている。並んでまで食べる人がいる店は東南アジアでは珍しいとボクは思っている。だからここは希有な店だ。

ボクはなぜだか一時期まではここに来ても並んだことや、行列を見たことがなかったが、２０１７年年末の際は逆に行列しか見ないことになった。1回だけ夕方のアイドルタイムに入れたので並ばなくて済んだが、スペシャル以下ほとんどのものが品切れ状態だった。

こうなるとどうしても食べたくなってくるのが人間だ。滞在中一度は、と思っていたが、それ以上に並ぶのは嫌で、結局そのせめぎ合いの結果、その滞在では1度しか食べることができなかった。元来はフォー嫌いだったのに、フォーがなければダメな身体にされてしまった。恐るべし、牛肉の魅力。

※**「フォー・ティン」に負けず劣らず実に美味**
取材時のフォー・ティンは1杯5万ドンだったので、交通費を考えるとフォー10の方がコスパがよくなってしまう。もちろん、ボクが旧市街に宿泊するからだが。

【北部 ハノイ】

アグレッシブな客引きの路上焼肉店

自分が創始者ではないのに、あまり知られていなかったものがみんなに好まれるようになると、キミたち何マネをしちゃってるのと冷ややかに見てしまう。そのくせ、なんか寂しくて拗ねてみたり……。

ハノイの路上焼肉の話だ。

ハノイによく来るようになったばかりのある日。「ドンスアン市場」を通り過ぎ、鉄道の高架横を歩いて宿に帰ろうとしていた。高架といってもコンクリートの土手になっているのだが、ボクはここを通るたびに※**上野あるいは新橋の辺りを連想する**。ここは昼間こそなにもないが、夕方からは焼肉の屋台がずらりと並ぶ一帯になる。

角を曲がった瞬間に若い兄ちゃんに捕まり、座らされた。ちょうど腹も減っていたし、焼肉屋台が出ていれば食べてみたいとも思っていた。だから、※**ボクとしてはちょうどよかった**ので問題ない。

※**上野あるいは新橋の辺りを連想する**
実際、秋葉原の万世橋の先にあるJR中央本線の線路脇なんかがばっちり似ている気がする。

※**ボクとしてはちょうどよかった**
旅の最中は予定を詰め込まないので、どんなタイミングであれ、ボクにとってはちょうどいいのだけれども。

路上焼肉の風景。ご覧のように大量のマーガリンが鍋に投入される

席に着くと一応メニューらしいものが出てくる。ベトナム語だけなのでよくわからないが、※**牛肉と野菜などのセット**諸々で8万ドン。たった4ドルだ。これは安い。まずくても損はなさそうだ。

ビールと一緒に来たのはカセットコンロの台のようなもので、中のくぼみに甘そうなオレンジ色のゼリーを投入。これは固形燃料で、「そこまで入れる？」というほどたっぷりと入れてくれた。コンロに載せられる鉄板はアルミホイルで包まれていた。

セットは牛肉、それからキャベツやエノキなどの野菜類、ガッチガッチの※**いつ焼いたのかわからないバゲット**。それから、容器に入った謎の油と小さなパックのマーガリン。どういうことかと思っていると、店員が熱くなった鉄板に油をたっぷりと入れてくれ、そこに野菜や肉を投入する。

※牛肉と野菜などのセット
一緒の皿に盛られてくる。見栄え等をまったく意識しておらず、適当に載せましたという感じが、逆に屋台らしくていい。

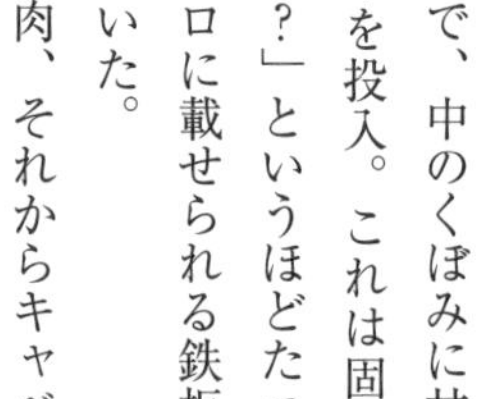

これでワンセット

※いつ焼いたのかわからないバゲット
サンドイッチのバインミー屋台でもそういう変なパンを出してくる店もある。パン好きとしてはもっと気を遣ってほしいところだ。

この時点で焼くというよりは揚げている状態に。その上、さらにたっぷりのマーガリンを肉に載せていく。普段カロリーなんて気にしたこともないくせに、こういうときだけは「身体に悪いんじゃない？」なんて思ってしまう。

グツグツと煮るというか、揚げて喰らう。これがなかなか旨いのだ

カンボジアのプノンペンでも、ある飲み屋で焼肉を頼んだら油で肉を焼き、その上からマーガリン（そこはバターだったか？）を載せた。※**インドシナではこれが普通**なのだろう。

味は脂ギッシュでビールには合う。ただ、ダブル油脂で野菜や肉を揚げている状態で、※**油が跳ねて危険極まりない**。隣のカップルもほぼ隣の席に鉄板を置いているくらいに自分たちから離し、並んで食べていた。

●事故が起こらない方が逆に不思議

危険といえば、この界隈の店員が半端ない。というのは、路地は細いが、焼肉屋台横はバイクも通れる。数軒ある焼肉店の店員は自分の

※**インドシナではこれが普通** 最近はタイのバンコクにも出てきている。BTSオンヌット駅近くの「ベストビーフ」という焼肉食べ放題店。連日連夜、超満員。

※**油が跳ねて危険極まりない** 昔懐かしい「マーフィーの法則」というやつで、いつだって跳ねた油は自分の方に飛んでくる。

店に客を呼ぼうと必死のあまり、走ってくるバイクを停めようとする。それもただ「停まって！」と呼びかけるのではなく、かつ、進行方向をふさぐでもなく、走行中のバイクのハンドルを掴む。こんなの転倒しない方が奇跡。実際、9割くらいの運転手に怒鳴られてた。それでもめげない彼ら。アグレッシブすぎたからか、2017年年末時点でほとんどの店がなくなってしまっていた。もう過去の話なのか。

ただ、ハノイから路上焼肉が消えたわけではない。ここが冒頭に繋がるのだが、最近はターヒエン通りなどの外国人が多いエリアでこの路上油＆マーガリン焼肉が台頭している。むしろ、元祖がなくなったので、そちらの方が大盛況だ。ハノイは12月くらいから4月くらいまでは結構寒い。その間は鍋物も人気になるが、ここでは見た目の派手さからか、この焼肉が人気になる。

なんなんだよなあ。これまで路上焼肉にはみんな見向きもしなかったくせに。ハノイを語るときに「知ってます？　路上の焼肉」なんて会話の掴みにしていたのが、全然使えなくなってしまった。しかも、高い。1セットが※**20～25万ドンあたりが相場**だ。この辺りに登場し始めたときはまだ20万ドンだったが、すでに値上がり傾向にある。これは残念なことだ。

路上焼肉のあの、外で食べる感覚というのは捨てがたい。だからといって、ミーハーなターヒエンは嫌だし、ボクは目下、地元民しか行かない、住宅街などにあるような路上焼肉を開拓中なのである。

※**20～25万ドンあたりが相場**　25万ドン出すなら、路上ではなく、日系風の焼肉店もおすすめ。ベトナム版フーターズ「ブブゼラ」の運営母体「ゴールデンゲート・グループ」が手がける焼肉店「スモウＢＢＱ」は食べ放題でひとり27万ドン～。肉は牛や豚から選べ、メニューで注文していくブッフェ形式なので高級感もある。なによりマーガリンではなく、炭火網焼きなのがいい。
【名称】Sumo BBQ
【住所】30 - 32 Quan Su, Quan Hoan Kiem, Ha Noi
【営業時間】10時～22時

スモーＢＢＱ

【北部　ハノイ】ヤギの焼肉と金玉のスープ

ベトナム料理の中でボクが絶対的におすすめしたいのが焼肉だ。

路上の焼肉以外ならヤギの焼肉がいい。

なにがいいって、クセがあるところ。ボクは幼少のころから親に連れられて栃木県辺りの牧場でジンギスカン鍋を食べさせられていた。たぶんマトンだったと思う。中学校くらいには家の焼肉は牛肉ではなくラム肉が並ぶのが当たり前だった。だからというのもあって、臭みのありそうなヤギ肉に惹かれてしまう。

観光客でも行きやすいハノイのヤギ焼肉なら、「**ラウ・ゼ・ニャットリー**※」がいい。「ドンスアン市場」に近く、鉄道の高架のすぐ横にある。以前はあまりきれいな店ではなかったらしいが、今のところに2015年ごろに移転し、しっかりとしたレストランになっている。入り口はバイクの駐車場になっているのでわかりにくいが、階段横にヤギの剥製が白黒2頭飾ってあるのでわかりやすい。やや趣味の悪さは否めないけれども。

※**ラウ・ゼ・ニャットリー**
【名称】Lẩu Dê Nhất Ly
【住所】15A Hang Cot, Hang Ma, Hoan Kiem, Ha Noi
【営業時間】10時半～23時
【ＨＰ】https://www.facebook.com/laudenhatly/（別の支店）

ラウ・ゼ・ニャットリー

店名のラウからもわかるように、元はヤギの鍋屋さんなのだと思う。料理も鍋と焼肉があり、**鍋はセット33万ドン**※からと高額。焼肉は肉が1人前（あるいは2人前かも）で13万ドンから。おすすめは「BẸ SŨA」と書いてある**ヤギの乳房**※だ。

全然英語が通じないし、メニューもテーブルにあるベトナム語ののもののみ。写真はあるものの、メニューに対応していないから大変だ。以前は写真付きのメニューがテーブルに立てかけてあったので、なんとなく注文できたのだが、２０１７年年末時点ではそれがなくなっていて、注文の難易度が上がってしまっていた。

乳房を頼むときは**ジェスチャーでおっぱいを表せばだいたい通じる**※が、ほかの肉はなかなか難しい。乳房のほかに肉も頼みたかったが、「これはどこ？」と聞いてもウェイターは全部腕を指さす。要するに肉と言いたいのだろう。

注文が済むと冷えたビールとたくさんの野菜がやってくる。ライスペーパーもあるし、ビールのつまみのピーナッツみたいなのもあった。オクラは焼きながら食べるのだが、乳房を頼んだ場合は少し待とう。皿に浮き出た油に浸してから焼くらしい。

タレは王道の**塩と完熟ライム**※。謎の豆乳みたいなタレもあるが、かなりまずい。ただ、ライスペーパーに臭みのある肉を包んで食べると意外といけた。

さて、肝心のヤギの乳房。これはコリコリ柔らかで、さらに浮き出た脂肪分の印象よりずっとさっぱり。焼き方が難しく、レアすぎると食感がよくない。焼きすぎても硬くなるの

※鍋はセット33万ドン
1580円くらい。円建てにすると安いが。肉の13万ドンは約625円。

※ヤギの乳房
値段はひと皿13万ドン。ヤギの乳房はベトナム南部でよく食べられているらしい。

※ジェスチャーでおっぱいを表せばだいたい通じる
最初からそのつもりではあったものの、ひとりで入っていって、ひとりでこれをやって、特に笑ってもらえるわけでもないっていうのは結構つらい。

※塩と完熟ライム
172ページで紹介しているムオイ・ティエウ・チャン。これはベトナム料理のタレとしては最高峰だとボクは思っている。

で、**絶妙なタイミング**※を見計らう必要がある。

他に頼んだ肉は、なんだかよくわからず、とりあえず「ゼ」と言われた。ゼはどうもヤギという意味のようで、メニューの名称を訳すとタレに漬け込んだヤギ肉ということだ。ちょっとスパイシーで、生の状態で嗅ぐと獣っぽい香りがするが、焼くとそうでもない。ライスペーパーに包めばなお食べやすかった。

コリコリとした食感が楽しい、ヤギの乳房。臭みはなく、さっぱりとしている

●ワインを頼んだのになぜか金玉

さて、ここでの飲みものはビール、それからウォッカが中心になる。ビールはビアハノイが1・8万ドンと高くない。ウォッカは「**MEN**※」という初めて見る銘柄だった。アルコール度数は30％ほど。本場ウォッカとは違う。飲み口は悪くはないが、正直安っぽさはある。

ベトナム人客が飲んでいるものを見ると、なんだか陶器に入った徳利を頼んでいるテーブル

※絶妙なタイミング
17時前後に入店すれば暇な店員が焼いてくれるので、早めに行くのもいい。

※MEN
ハノイでウォッカというと「ハノイウォッカ」が主流だが、ここにはなかった。写真の300ミリリットル入りは、7万ドンと安い。

MEN

「ゼ」と呼ばれていた肉。スパイシーなタレに漬け込んである

が多い。どうもメニューにあるよくわからないふたつの酒がそれに当たるのかと思う。種類が違うのか、単にサイズを意味するのか。店員に訊いてみるとどうも「ワインだ」というようなことを言っている。とりあえずコスパを考えて大きい方を頼んでみた。メニューには「RƯỢU BA KÍCH」とあった。

すぐにそれは来たのだが、中身の液体の色が嫌な予感しかない。なんともきれいな紫色だ。飲んでみると、なんというか、草。それも効能とかあるものや山菜とかではなく、※**雑草みたいな味**がする。よくよく検索してみるとハゲキテンというものだそうだ。インポテンツに効く生薬というが、まずくてこれは飲みきれない。

ここは乗りかかった船。もう一方を頼んでみようか。「RƯỢU NGỌC DƯƠNG」とある。もう一度店員に訊く。彼は手を丸くして下半身に持っていく。それって、金玉? まさか※**ヤギの睾丸のワイン**ってこと? いや、ワインっ

※**雑草みたいな味がする**
雑草をまともに食べたことはないが、本当にそう表現するしかないほど、食べられない草のような味がした。

て植物から作るんじゃないのかよ。再度店員にメニューを指さし、ボクも手でふたつのボールを作って股間に当ててブーラブラ。まさかこの歳でこんなジェスチャーをするとは。

理解をしたのか、店員は去って行く。しかし、待てど暮らせど睾丸ワインは来ない。紫色は速攻で供されたのに。人気がないから在庫なしか、それとも通じなかったのか。

正解は後者だった。しばらくして運ばれてきたのは大きな鍋だった。中にはなにかでかいものが入っている。睾丸というか、性器スープだ。後でネットで訳してみると「NGỌC DƯỚNG」は真珠と出てくるのだが、画像検索に切り替えると性器が出てくる。睾丸ではなく部位全体を指すようだ。

しかし、なぜだ。ワインの話しかしていなかったのに、なにをどう間違えたらこうなるのか。料金はあまりの高さにショックで失念したが、確か※**100万ドンを超えていた**と思う。さすがに食えない。断るにももめそうだ。

幸い、たまたま通ったベトナム人客が少し英語ができたので、頼んでいないことを通訳してもらうと、あっさり睾丸スープは引っ込められた。そして、すぐさま睾丸ワインが来た。

こちらは独特の匂いがきつい。言ったらヤギの脂肪分で作ったのではないかという臭さ。そして、小便のようなゴールデンな色合い。精力はつきそうだが、飲み干すには一苦労だ。碌なワインがない。結論としてはヤギ焼肉にはビールである。

※**ヤギの睾丸のワイン**
ちなみに草の方は8・5万ドン（約410円）、金玉は6・5万ドン（約310円）だった。量の違いが値差に出ていると見る。

徳利で供される

尿のような色

※**100万ドンを超えていた**
100万ドンは、約4800円。日本の感覚でもかなり高価だ。

【南部　ホーチミン】

日本人街の片隅でカエルを喰らう!

旅行の良し悪しは食事が大半だと思っているのだが、ベトナムはその点では優れた国だ。特にローカルの屋台は安いし、おいしいものもあるしで、**財布を気にしなくて済む**※のがありがたい。ビールはレストランでもせいぜい2ドルもしない程度というのは、外食が楽しくなるレベルだ。

そんな屋台で裏の歩き方らしくちょっと変わったものを食べたいと思い、いろいろと探し回った。結果、どうやら日本人街のレタントンに**カエルの鍋**※があるというので行ってみることにした。レタントンとハイバーチューン通りの交差点にあるという。

数日前も訪れていたので場所はすぐにわかった。中央郵便局寄りの次の交差点で、物乞いの女性が号泣しながら宝くじかなにかを売っていたのが印象的だったからだ。その女性は信号が変わって、車やバイクが動き出すと真顔で交差点に戻り、再び赤になると前から順番に泣き落としで売りつけようとしていた。役者だったら名優になっていたのではと思ったが、

※財布を気にしなくて済む
予算は、麺類なら飲みもの込みで8万ドン（約380円）、総菜を白米にかけるもので5万ドン（約240円）くらい。ちゃんとしたレストランなら10万ドン（約480円）以上はかかると見る。

※カエルの鍋
ベトナムは中国並みになんでも食べる印象がある。ヘビ、虫も珍しくない。特に北部では犬も食べるので、それと比べればカエルなんてかわいいもの。

残念ながらその才能がないことはすぐにわかった。ボクが見ている間、**1枚も売れなかった**※のだ。逆に感動を覚える。全然相手にされていないのになぜ彼女は泣き続けるのか。

カエル鍋を出す商店の外観。店全体が青色でわかりやすい

カエル鍋がその近辺にあると知ってから何度も足を運んでみた。ところが、いつ行ってもやっていない。青い建物の商店でやっているというのだが、確かに厨房らしきものはあるにしても、誰も調理をしている様子はないのだ。

●8回目にやっとカエル鍋にありつけた！

結局8回通って、やっと**英語の通じる店のおばちゃん**※に出会い、カエル鍋について聞いてみると、なんともあっさりとした答えだった。

「カエルは夜だけよ。7時からやっているわ」

滞在最終日に近いころになってやっと、カエル鍋にありつくことができた。このとき夜の8時ごろだった。商店の前に出されたテーブルと椅子に座ったベトナム人女性が、土鍋を前に食

※1枚も売れなかった
東南アジアのベトナム、ラオス、タイなどでは道端で宝くじを売っている。ハノイでは見かけなかったが、ホーチミンでは日本で言うロト6が売られていた。賞金は最大で12億ドンらしい。日本円では575万円くらい。

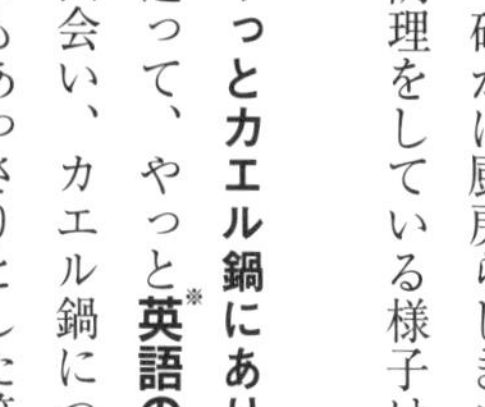
ホーチミンの宝くじ売り場

※英語の通じる店のおばちゃん
若い店員に何度も英語で訊ねたが、全然わかってくれなかった。カエル鍋の看板があるので、それを指した上で訊いてもさっぱり。察しが悪すぎてちょっとイラッとした。

これが念願のカエル鍋。甘辛い味付けに箸が止まらない

事をしていた。すかさず土鍋を指さして、あれをひとつとビールと伝える。

よく冷えた**ビアサイゴン**※を飲みながら待つことわずか2分。カエル鍋が来た。目の前にすると大きな鍋で、白がゆもセットでついてきた。塩味さえもついていないおかゆに、濃い味つけの汁が絶妙にマッチする。これが本来の食べ方らしい。絶品。一口一口に感激する。

土鍋ごと煮詰めた甘辛い中華醤油のようなスープにカエルの肉がたっぷりと入り、その上にはネギがどっさり載せられている。最初はネギでカエルは見えない。そのネギをどかしていくと、※**肉厚なカエル肉**が待ち構える。ゲテモノのイメージがあるかもしれないが、カエルの肉は鶏肉と白身魚の中間といった具合で実においしい。骨がやや多いのが難だが、豪快に食べれば腹も心も満たされる。

※ビアサイゴン
サイゴンでよく飲まれているビールの銘柄。アルコール度数は4～4・9%と日本のビールよりも低い。屋台などでは、安い順に、緑色のラベルのビアサイゴン・ラガー、赤いラベルのビアサイゴン・エクスポート、緑色の瓶のビアサイゴン・スペシャルの3種類がある。外国人にはスペシャルが、現地の若者にはエクスポートが人気だ。

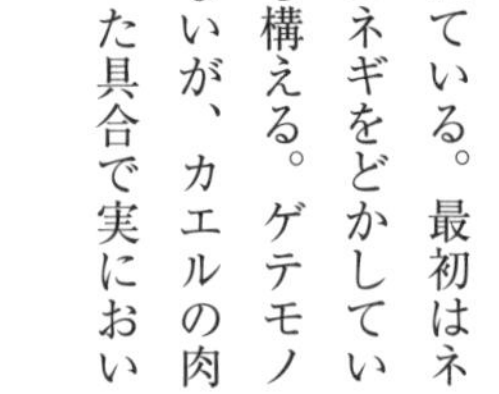

ビアサイゴン（ラガー）

●通っても発見できなかったそのワケ

さて、なぜボクは8回通っても営業を確認できなかったのか。

この答えは食事中にわかった。女性たちが食事を終えて会計をすると、店員の若者らはせっせとそのテーブルを片づけ始めた。テーブルそのものを片すのだ。ほかの客も去るとすぐに片づける。そういえば、ボクが来たときには注文を受けてからテーブルを出してくれた。そう。ここは客がいないときには席がないのだ。たまたま客がいないときに通っていたことで、ボクは目視でこの店が営業していることを認識できなかっただけだった。

なるほどねえ、と感心しながら夢中でカエルをむさぼる。暑い中、熱々のカエルを食べているボクの額と背中は汗でにじむ。それでも手と口は止まらない。やけどするほどの肉と白がゆを口に放り込み、ビールで冷やすを繰り返す。

交差点の角であり、レタントン通りなので交通量は多い。信号が赤になるたびに真横にバイクや車が停まる。歩道で食事をするボクをみんなが見ているような気がして、恥ずかしい。

そのうち、食事をしているのがボクだけになった。ボクの席だけが歩道のど真ん中にある。明らかに歩行者の邪魔になっていた。ボクが中央分離帯となり、行きかう人々が左右に分かれていく。**ちょっとしたモーゼ状態**※。そりゃあ交差点のバイクたちがボクをじろじろと見るわけだ。かといって席をずらすのも負けだと思った。ビールもまだ残っている。完食するまで動かないぞ！　と強く心に誓い、ボクはひたすらカエルを喰らったのだった。

※肉厚なカエル肉
カエルそのものの姿ではないので、知らなければ白身魚か鶏肉と思う外見。だから、ゲテモノが苦手という人でも気にしなければすんなりと食すことができると思う。

※ちょっとしたモーゼ状態
店の方をふとみると、店員の若者たちがモーゼ状態のボクを指さして笑っていた。こいつら、わざとやってやがるな！

【南部　ホーチミン】

名店で食す魅惑のビーフシチューフォー

ベトナムの麺料理というと一般的にはフォーが思い出される。ボク自身はフォーがなぜそこまで注目されるのかがまったく理解できないでいた。それまではどうもコシのない麺によさを見いだせず、米粉麺ならタイの**クイッティアオ**※がいいと思っていた。あるいは、ハノイならそうめんにも似た発酵米粉麺を使ったブンチャーが気に入っていた。

それが149ページで紹介したハノイの牛肉フォーの店に連れて行ってもらってから目覚め、とりあえず滞在中に最低1回はフォーを食べるようになった。

だから、今回、ホーチミンである1軒にボクは狙いを定めていた。ファングラオのバスターミナルのはす向かいにある、**24時間営業のフォーの店**※だ。ここの存在は実は初めてホーチミンを訪れたときから知っていた。しかし、フォーでしょ？　と敬遠していたので、今度こそは食べてみようじゃないかと。店名を検索すると支店がいくつかあるようだし、そここその人気店というのもわかり、行ってみた。

※**クイッティアオ**
中国広東省潮州県が発祥の米粉麺で、名称は当地の粿條（クエティオウ）が訛ったもの。アユタヤ王朝時代（1351～1767年）に渡来した中国商人が食べ始めたのが最初とされ、1800年代にタイに移住した潮州県人が広めた。ただ、タイで国民食になったのは1930年ごろで、戦時中の食糧難対策だったとされる。

※**24時間営業のフォーの店**
【店名】フォー・クイン（Phở Quỳnh）
【住所】323 Pham Ngu Lao,

有名店らしくオペレーションはしっかり。ちゃんと席に案内されるし、メニューも来る。日本では当たり前だが、ベトナムだと案内がない、案内しておいてメニューを出さない、注文も取りに来ない、はよくある。ここはその点はしっかりしていた。また、メニューがあるくらいなので、フォーだけでなく、いろいろなものがあった。普通に牛肉のフォーでしょう、とメニューをめくっていると、迷っていると思ったのか、店員は勝手に別のページをめくった。

「このシチューがうちでは人気さ」

レアじゃない、ほかの部位を載せるバージョンもあり、メニューから選べる

待て待て。シチューって。普通に牛肉のフォーがいいの！　ということで、**※レアでやや赤みの残った牛肉**たっぷりのフォーを喰らった。タイの場合、トウガラシの辛い品種はプリックキーヌーという。粒が小さければ小さいほど辛いとされ、それに慣れていたこともあって、このフォーのつけ合わせで出された大きなトウガラシをたっぷりと食べたら死にかけた。

Phuong Pham Ngu Lao, Dist.1, HCMC
【H.P.】http://phoquynh.restaurantsnapshot.com/

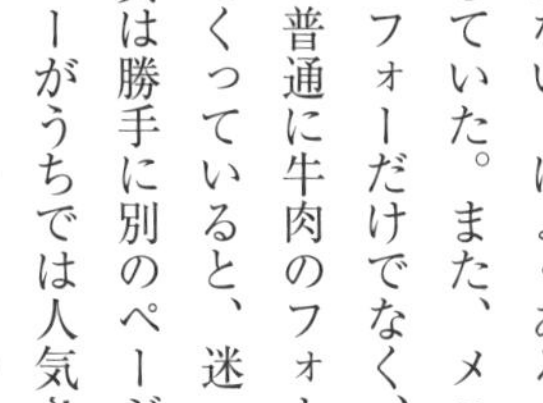

フォー・クイン

※レアでやや赤みの残った牛肉
フランス統治下だったことから牛肉もわりとおいしいものはおいしいが、やっぱりこういう店だと若干の臭みがあるような気はする。ただ、牛肉らしい味わいで、噛むほどに口に風味が広がる。

店自慢のビーフシチューフォー。どこか懐かしい味わい

●ちょっと待て。あの言葉はなんだったのか？

さて、その日の夜。**寝る前にふとフォーのことを反芻**※していたら、頭をあるシーンが離れなくなった。

「……がうちでは人気さこのシチューがうちでは人気さこのシチュー……」

あのときは牛肉のレアな味を求めていたが、よくよく考えてみれば、なんでフォーにシチュー？　どういうこと？

というわけで、翌日、また同じ店へ。メニューを見ると**ビーフシチューとパン**※というのもあるが、やっぱり気になるのがフォーのビーフシチュースープ。ハノイでそんな見たことないし、味の想像がつかないが、念押しすればやっぱり人気だと言う。

そして、トマトの色が浮かんだ、とろみのきつくないビーフシチューのフォーが来る。つ

※寝る前にふとフォーのことを反芻
ベトナムはとにかく食事環境が優れているので、毎日毎日なにを食べるかで迷う。それで、寝る前、起きたときなどに今日はどこでなにを食べるか、明日はなにを、と考えるのが楽しくて仕方がない。

※ビーフシチューとパン
実はベトナムではビーフシチューはポピュラーな料理。現地では「BO KHO（ボーコー）」などと呼ばれ、バゲットと一緒に食べることが多い。

け合わせはノーマルのフォーと同じで、もやしや例のトウガラシ。

まずはなにも入れないでスープをすする。おお、そそこにおいしいシチューだ。牛肉も大きな塊だが、しっかり煮込まれていて柔らかい。フォーの食堂なのに、ビーフシチューの完成度が高い。

続いて麺を。まあ、フォー自体は昨日食べたものと同じということはわかる。だが、これは衝撃のレベルだ。なんというか、フランス料理というものではなくて、子どものころに母が作ったビーフシチューを白飯でかき込むような。初めてなのに、初めてじゃない体験。ご飯が合うのだから、フォーが合わないわけがない。**家庭の洋食といった印象**※で、なんとも言えない懐かしさで感激する。

大発見！　ボクは本書の素晴らしいネタができ、かつ誰もまだ紹介していないものだぞ！と喜び勇んで部屋に戻り、ネット検索したら普通に出ていた。しかも、かつてタイに編集部があった男性総合誌「Gダイアリー」の元編集長で（雑誌は廃刊したが、ウェブサイトは絶賛運営中）、で、現在はタイの屋台と食堂レビューの第一人者になっている**西尾康晴氏のサイト**※だ。さすが。ただ、氏が紹介していたのはほかの店で、ボクが行った店ではなく、本人に確認したら、そこは知らなかったようだ。まあ、よしよし、ということで。

※**家庭の洋食といった印象**
サンドイッチのバインミーもそうだが、フランスの食べものがベトナム式に進化しているのがいい。日本でのラーメンやカレーなどと同じで、最早このビーフシチューのフォーは立派なベトナム料理になっていた。

※**西尾康晴氏のサイト**
タイ国内の屋台や食堂を中心に紹介するサイトで、編集者らしく画像、情報が優れていて、タイの屋台ファンは必見のサイト。同時に東南アジア各国の食堂などを扱ったサイトも運営されている。

「激旨！　タイ食堂」

【ＨＰ】http://タイ料理 - バンコク.com/

「激旨！　アジア食堂」

【ＨＰ】http://gekiuma.asia/

【南部　ブンタウ】

海辺の町で色合いの悪い生ガキに挑戦！

ホーチミンの4区にある「ホーチミン博物館」裏手の港から**高速船**※が出ており、ブンタウというリゾート地に行ける。バスで行くと3時間はかかるところ、船だとたった1時間半で着いてしまう。

ブンタウは日本で例えるならば熱海のような場所で、ホーチミンから最も近いビーチリゾートになっている。泳げるビーチが連なり、ハイシーズンや週末はベトナム人で賑わう。

ホーチミンでの取材も一段落ついたので、ブンタウに出かけてみることにした。目的は新鮮なシーフードである。

ブンタウの港に着くと、大勢のバイタクの運転手に囲まれた。

ボクの旅は、基本的に流されていくことが多い。港やターミナルで到着時にしつこく絡んでくる連中に身を任せる。とはいっても、すぐに話に乗らず、**最後までしぶとく粘ったヤツ**※**にチャンスを与える**のだ。

※高速船
東南アジアの船なのでおんぼろかと思いきや、そこそこにきれいな船だ。一応、高速船と名乗るだけあり、かなりの速度で突っ走っていく。船内はエアコンが効いているし、Wi-Fiも完備で快適だ。
【運賃】25万ドン
【営業時間】8時から約1時間ごとに出発し、最終は16時発（帰りは16時半）。

※最後までしぶとく粘ったヤツにチャンスを与える
性格が悪いヤツ、あるいは観

ホーチミン〜ブンタウを結ぶ高速フェリー

このときはバイクタクシーたちの中で**マイというオッサン**※だけが最後まであきらめずについてきた。2、3時間、ブンタウを案内して20万ドンでいいと言う。ガイド込みでならそう高くはないと頼むことにした。

●早速目的の生ガキを求めて

到着時は昼時で、飯はシーフード店と決めていた。ブンタウの街の北端に漁師直営のシーフード料理店が並んでいるらしく、そこではカキがキロ当たり6・5万ドンで食べられるのだという。東南アジア各所で見られる日本の岩ガキのようなものらしいが、ボクが住んでいるタイよりもずっと安い。しかし、マイが言う。

「そこは遠すぎる。この周遊ではその辺りに行くと効率が悪いんだ。そもそも高いからやめておけ。オレが知っている店の方が安い」

地元のマイが言うのだからそうなのだろう。後ろ髪を引かれる思いがしたが、無理やり納得

光客を騙そうというヤツは早々に脱落していく。それでもなお客を取りたい奴はマジメか、切羽詰まっているか。だから、足下を見るわけではないが、そういう人を選ぶと適正価格かそれ以下になりやすい。

※**マイというオッサン** 行きたいところに行けなかったけれど、なかなか誠実で優秀なガイド。ブンタウをバイタクで回りたいならば連絡してみよう。【メール】nguyentumai1973@gmail

してヤツおすすめだというレストランに連れていってもらった。

メニューをじっくり吟味しようと、まずはビールを頼む。**店員はそこそこにかわいい女の子**※だ。その子が持ってきたビールはビアサイゴンの赤で、なぜか瓶の口からブクブクと泡を吹きだす。冷やしすぎて凍ってしまったからかと思ったが、ビールは常温だ。なんか水死体を連想して少し引いた。

彼女は氷を入れるかとベトナム語で訊いてきた。氷を持って訊かれればよほどのバカでない限り理解できる。なんて優しいのだ。英語ができないなりの彼女の気遣い。カメラを向けたら、ものすごく嫌がられた。なんだ、こいつ。

料理各種は悪くはないが感動するほどでもない。その中で岩塩のような粗塩にコショウを混ぜ、そこに完熟ライムを絞ったタレがあった。この万能タレは「**ムオイ・ティエウ・チャン**」※というらしいが、これほど素晴らしいタレは地球上に存在しないのではないか。注文したアサリの酒蒸しみたいなものにもばっちり合う。アサリはタイのトムヤムっぽい、レモングラスが利いた香草スープに浸たされていた。そのままでもイケるが塩と完熟ライムのタレをチョッとつけたらもう最高。懸念は生ガキにこのタレが合うのかどうか。

そうこうしているうちにやってきた生ガキ。この衝撃。そもそも行きたかった店はキロで7万ドンしないのに、ここはひとつ3万ドンだ。タイよりは安いが、もっと食べたかったな。しかも、テーブルに来た生ガキは色合いがどんよりしていて、全然おいしそうではない。な

※店員はそこそこにかわいい女の子
まだ悪擦れしておらず、素朴な感じとでもいおうか。つきあってと言われたら余裕で交際可能なレベルの子だった。

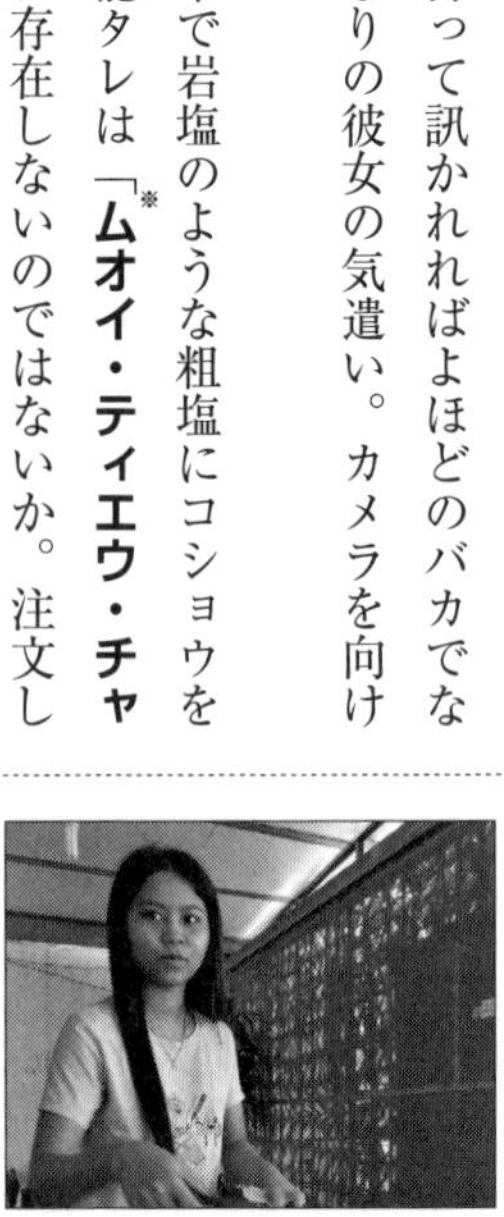
店員の女の子

※ムオイ・ティエウ・チャン
「ムオイ・ティエウ・チャン」は写真のようなセットで供される。小皿に盛られた緑色の粘土状のものは合成のワサビだった。日本人だから気を

んだか腹を壊しそうで不安になる。

しかし、ここは食べるしかない。腹を壊したら壊したでネタにもなる。ということで、盛られた氷をよけ、殻から身を外し、ムオイ・ティエウ・チャンをちょこっとつける。さらに上にライムを絞って、口に放り込んでみた。ぐちゅぐちゅとした感触がして、磯の香りが口の中に広がっていく。

問題の生ガキ。明らかに鮮度の悪そうな色合いだったが、味は抜群だった

あれ？　うまいぞ！　なんという裏切り。見た目と違って濃厚でクリーミーな味わい。タイよりおいしいじゃないか。ベトナム最高だ。

のちのち聞いてみれば、最初に行きたかった店のキロ当たりの単価は殻込みの6・5万ドンだそうで、※**実質的にはせいぜい2個程度**だそうだ。だから、マイが案内した店も単価的にはあながち高くはなかったようだ。まあ、この時点ではそんなことをボクは知る由もない。

遣ってくれたのかもしれないが、正直逆効果だ。

タレのセット

※実質的にはせいぜい2個程度

ちなみにこの情報源は169ページで紹介している西尾康晴氏である。

●きれいに終わらないのがベトナムの旅？

食後、マイにベトナム人の若いカップルが訪れるという山の上の灯台に連れて行ってもらったり、地元民でも知らない人がいるという砲台跡地、日本軍がいたという地下壕を見た。ガイドとしてはなかなかいい。

「この辺りはな、旧ソ連の企業があって……」

「この寺は※**クジラの骨**を祀っているんだ。昔は……」

「この建物は100年以上の歴史があって……」

「この辺りは今はこんな感じだけれども、夜になればナイトマーケットで……」

「ここが街の中心になる。若い人はここで遊ぶんだ。この店なんかは……」

「ブンタウの漁村はこの辺りなんだ。ここには※**漁師直営のシーフード店**が並んでいてさ……」

そんなことを言いながら見所を回っていたわけだが、ぶーんと走り去ったボクの視界とマイの最後の言葉「漁師直営のシーフード店」が重なっていく。お？

「ここ、最初に行きたいって言ってた場所！　結局来てるじゃねえか！」

マイは悪びれるわけでもなく、「ここは高いんだ」と繰り返す。

まあ、旨かったからいいけどさ。普通に通るんだったら、連れてってくれてもいいじゃないか。頼むよ、マイ。

※**クジラの骨**
ベトナムの中部や南部の海沿いの地域では、クジラは漁師の安全を護る海の神様として信仰されており、年に1度、クジラ祭りが行われている。

※**漁師直営のシーフード店**
実際に西尾氏に見せてもらった店の写真と同じ風景がものすごい勢いで流れ去った瞬間、マイを本気でひっぱたいてやろうかと思った。

【南部　ホーチミン】

屋台の寿司が意外と本格的で大人気！

ハノイが好きすぎて、もうホーチミンに行くことはあるまいとずっと思っていたが、バンコクや渋谷で一緒に飲んだ元ハノイ在住者のＹ氏がホーチミンへ移住したというので、会いにいくことにした。ホーチミンには在住日本人に評判の寿司屋台があるというので、そこに連れていってくれるという。

寿司屋台は「**すしコ**※」という店だった。ベトナム人経営の和食居酒屋風の食堂で、寿司が安く食べられると現地在住の日本人から絶大な支持を得ているという。

初めてのすしコは２０１７年5月のこと。その後、ホーチミンを何度かウロウロしていたら、ほかにも寿司の屋台をいくつも見ることができた。特に多いと感じたのは中華街チョロン近辺だ。ただ、どこも店員はベトナム人しかいないし、衛生管理がどうなっているのか。

すしコのオーナーは和食経験者だとかで、寿司以外の居酒屋メニューも値段を考えたら十分な水準を維持していて、特に文句のないものだった。

※すしコ
【店名】Sushi Ko
【住所】122/37/15 Vinh Khanh, Dist.4, HCMC
【営業時間】16時～23時
【ＨＰ】Facebookで「Sushi Ko」と検索

すしコの看板

すしコの刺し身の盛り合わせ。日本の居酒屋と遜色ないレベル

実際に食してみると、本物の寿司には遠く及ばないものの、まずくはない。強いて苦言を呈すならばシャリの握りが甘いが、※**値段を考えたら文句は言えない**。

日本人の感覚からすると、すしコの値段設定は独特だった。たとえば※**ウニは2貫8・8万ドン**。フォーは6万ドン前後が相場なので、寿司のグラム単価は半端なく高い。しかしながら寿司にできるウニは輸入物だと推測すれば、この価格は妥当でもある。

一方で、日本だけでなく国外でも高級になったマグロの場合、大トロ、赤身で価格差がほどんとない。赤身が2貫2・5万ドン、トロが2・8万ドンだった。

ほかにはイカの握りが3・5万ドン、カンパチが2・5万ドンとなる。いったい物の価値ってなんなんだろうかと根本的な疑問が浮かんでくる。聞いた話ではマグロは本マグロではなくキハダマグロなどで、ベトナム近海で獲れ

※値段を考えたら文句は言えない
東南アジア全域で和食ブームが続き、また日本人の海外進出も当たり前になった。だから、寿司もどこでも食べられるようになり、舌が肥えたというか、それが当たり前になってきて、段々わがままになってきてしまう。10年前に誰がベトナムの屋台で安全な寿司が食べられると想像しただろうか。この値段でこの水準は感謝するべきだ。

※ウニは2貫8・8万ドン
約422円。マグロ赤身が2貫2・5万ドンは約120円、トロが2・8万ドンはすなわち約135円。イカの握り3・5万ドンは168円になる。

るのだとか。

すしコの看板メニューである寿司。この価格にしては十分なクオリティ

●4区のすしコにかわいい店員さんがいた！

すしコがいいのは日本語が多少通じることだ。日本料理店なので当たり前だけれども、料理名以外も簡単な日本語もわかってもらえる。4区という、極めて外国人が少ないこのエリアでは※**なかなか貴重なサービス**だ。

さらに、すしコの店員の中にかわいい子もいた。ちょっとたぬき顔。細すぎず太からず。そしてちょうどいい身長。笑顔が素敵でボクは一気にその子を好きになってしまった。

ところが、運命というのは残酷なものである。彼女に限ってはまったく日本語ができない。それだけなら仕方がないが、なによりも問題は※**ボクにまったく関心がない**ということだ。ここまでの熱視線を送られたらちょっとくらい

※なかなか貴重なサービス
次項のタコ屋台はほぼ目の前くらいに近いのに、全然違う。重要なのは気持ちとは言うが、やはり言葉が通じるというのは大切なことだ。

※ボクにまったく関心がない
よく考えるまでもなく、普通に見て20代前半と見られる女の子が40歳のおじさんに興味を持つ方が逆に変である。

すしコの美人店員

浮かれてくれてもいいようなものを、彼女は全然興味なし。記念に写真をと思ったが、間髪入れずに断られた。

そんなすしコが2017年7月、**日本人街レタントン通りに3号店をオープン**※した。ちなみにボクが行った4区の店は2号店で、1号店は2号店のすぐそば。ある意味、満を持して本格的な日本料理のエリアに殴り込みをかけた模様だ。

レタントンの表通りに面してではなくヘムをちょっと入ったところにあった。店頭にあったメニューをめくってみると**4区と値段設定も同じ**※。このエリアで価格破壊を伴う、ちょっとした和食戦争が起こりそうな予感だ。

ネットで見る限りは近隣の在住日本人たちには歓迎されているようだ。特に駐在員の奥様や子どもたちは、治安を考えると4区は行きづらかったそうで、だから1区の、しかも自宅そばにできたことでランチやディナーの楽しみが増えたという。

ただ、レタントンのそのヘムの入り口や店の隣には日本人向けのカラオケ店が数軒ある。たくさんの質の悪い日本人オヤジも訪れることだろう。彼らはよく下ネタを大声で話す。店の雰囲気をしっかりと維持できるだろうか。結局のところは4区の方が案外行きやすい店だったりして、と思ったり。

※すしコ3号店
【店名】Sushi KO 3
【住所】26/1 Le Thanh Ton St., Dist.1, HCMC
【営業時間】11時～14時、17時～22時

※4区と値段設定も同じ
取材後に料金が変更になった情報あり。本文の価格はすべて取材時のものとなる。値上がりしたとしても倍とかではなく、日本円で換算するとごくわずかと言えそう。

【南部 ホーチミン】
4区で見つけた激ウマ焼きタコ屋台

ホーチミン滞在中のある日、下町4区をぶらぶらと歩いていた。

時刻は夕方から夜にかけての時間帯、1区から運河を隔てただけなのに、ブイビエンやファングラオ周辺とは雰囲気がまったく違う。ローカル中のローカルというイメージで、走っているのは99%がバイク。徒歩の外国人なんてまずいないので、ボクが歩いているとみんなじろじろと見てくる。

その辺りは屋台や、半屋台の食堂がこれでもかと立ち並んでいた。鍋やバーベキューなど店のタイプは様々で、なんだかよくわからないが、妙にうきうきしてくる。前項で紹介する「すしコ」も同じ通りにあるし、地元の若者たちが17時くらいから飲み始めている。

そんな中にヤツの姿があったわけだ。※**タコの炭火焼き**……、食堂の店先で大量に炭火で焼かれており、食欲をそそる赤い色をしていた。キムチのような漬け汁にタコを浸し、それを焼いているのだ。

※**タコの炭火焼き**
英語ではデビルフィッシュとも呼ばれてタコを食べる民族は案外少ないらしい。アジアだと日本、韓国、台湾、シンガポール、そしてベトナム。以前は気がつかなかったがブイビエンでもタコを焼く店が多かったので、タコ好きではなくとも気になってはいた。

こんな感じで店の軒先でタコを炭火で焼いている。これは旨そう！

これはうまそう。ボクはタコを一心不乱に焼いている店の兄ちゃんに声をかけた。

しかし、全然気持ちが通じない。英語がまったくできないのはいい。ただ、ハウマッチくらいできないものかね。ベトナムは小学校の1年生から英語の授業があるのだから。

まあ、そんな※**簡単なベトナム語もできない**ボクもボクなんだけれども。

●連想ゲームの先に得た幸せ

一瞬、面倒くさいと思ったが、タコへの情熱がボクを駆り立てる。

マネーとか、モッハイバーとか、いろいろ単語を並べ、最終的に4人くらいの店員に囲まれて連想ゲームを開催。5分くらいでやっとわかってくれたようで、※**会計係のおばちゃん**がこちらに7万ドンを見せてきた。一皿7万ということなのだろう。安い。ブイビエンにも同じ料理を出す屋台があったが、あっちは※**1皿**

※**簡単なベトナム語もできない**
ちなみにボクができるベトナム語は、「バー」だけだ。数字の3で、かろうじて「モッ、ハイ、バー（1、2、3）」は乾杯の音頭でも使われるのでわかるくらい。それ以外は全然わからない

※**会計係のおばちゃん**
162ページのカエル鍋もそうだが、最終的には肝っ玉母さん系が我々を救ってくれるのだ。考えてみたら、ボクの母親もタイに来るとオール日本語で過ごし、それでも普通に買いものして帰ってくるしなぁ。

20万ドンだった。苦労したかいがあった。ただ、飲食店で外人がなにか訊いてくるとすれば、値段や材料以外に何があるのか。ドッと疲れが湧いてくる。

念願かなって注文したタコ。香ばしくて、噛むたびにタコの旨味が溢れる

値段がわかったところで、一皿くれとボクは頼む。もう連想ゲームになった時点でボクは完全に日本語を話している。何語でも通じないのだから同じだしね。

席に着いたが、ここはベトナムの屋台だ。相変わらず椅子が低い。地面に座っているようですごくいいのだけれど、だんだん膝や腰に負担がかかってくる。これは長丁場とはいかないぞ、ということでビールをがぶがぶ飲む。ベトナムビールがよかったが、ちょっと格好つけて**タイガービール**[※]にする。

そうこうしているうちにやっと来たタコ。これがまたグレートすぎる。炭火のシーフード感がたまらない。赤かったあのタレも特に辛くはなく。ちょっとついた焦げがまた香ばしくてい

※1皿20万ドン
約960円。ブイビエンのタコは紙皿に少量載せてきてこの値段。ドン引き価格設定にどうしても手が出なかったが、7万ドン（約335円）なら現実的な値段だ。

※タイガービール
シンガポールを中心とした東南アジアで飲まれているビール。ライトビール的な位置づけのクリスタルというのがあって、ベトナムの若者にちょっと人気があるらしい。ボトルが透明で、コロナのようにおしゃれに飲んでいる感じがするからだろう。カロリーも低めみたいで、なんか味気なくてボクは好きではなかったけれども。

エビやイカがゴロゴロ入った、ボリューム満点のシーフード焼きそば

い。ぷりぷりとした身からにじみ出るタコの風味。足りないかなと思って頼んだ焼きそばも具がたっぷりで甘辛で美味だった。

　さて、問題は会計だ。タコの皿の値段が基準になる。焼きそばは写真があったので選んだだけで、値段はわかっていない。ビールもわからない。メニューの言語はすべてベトナム語だから、なにからなにまで不明なのだ。

　テーブルにある麺の皿がタコと同じ柄の皿であることにヒントを見出す。**東南アジアの屋台の傾向を見ると同じ値段のはず**※だ。ビールは3本飲んで、かかったとして1本2万ドンくらいか。そうしたら、ほぼ予想通りの20万2000ドンの会計が来た。よかった。2000ドンはなにかと思ったら**おしぼり代**※だった。

　ブイビエンならタコしか頼めない料金で、ビールも食事もたらふくできた。やっぱりローカルの店はいい。連想ゲームをあきらめなくてよかった。

※東南アジアの屋台の傾向を見ると同じ値段のはず
合理的に会計ができるように、皿で値段が決まっている店が多い。

※おしぼり代
ほかでは見たことのない料金だったのでちょっと驚いたが、東南アジアなら確かにこういう設定はなくはない。汗も拭きたくて開けてしまったが、たぶん開けなければ料金はかからなかったはず。はず、じゃなくてちゃんと調べてくれよ、と思うかもしれないが、タコの値段を聞くだけでも5分かかっているので、それは無理というもの。

【南部 カントー】
戦時中にできた初老ばかりのレストラン

カントーは昼間はとにかく暑くて、歩くのも嫌になる。東南アジアは4月5月に一度暑さのピークを迎えるが、彼岸を過ぎて太陽が北回帰線から戻ってくると再び暑くなる。この時期は雨季ということもあって、雨が降ればなんとか暑さは軽減される。

その日はちょうど陽が沈みかけた頃に、道端が冠水するほどのスコールが降った。恵みの雨であった。涼しくなったこともあってか、カントーの夜の公園の賑わいもピークだった。

街を数時間練り歩いた帰りだった。公園のすぐ近くに宿がある。クタクタに疲れていたが、1杯ひっかけて帰らずにはいられない。

初老の男が座って行けと言った。ちょうど川沿いの公園の向かい側にある「**メコン**※」というレストランの前を通ったときだ。メニューには2万ドンからビールがあった。

「ビールは冷えている?」

もちろんだ、と返ってきた。入り口にドアや壁はなく、エアコンもない食堂。特等席はま

※**メコン**
【店名】MÈKONG
【住所】38 Hai Ba Trung, Tan An, Ninh Kieu, Can Tho
【営業時間】9時～21時（取材時は昼営業しておらず。夕方以降に訪れた方が確実）

メコン

「メコン」の店内の様子。清潔感があって居心地もいい

さにその入り口のテーブルで、ホーチミン像を真横から眺めつつビールを傾けられる。しかし、そのときは白人の男がふたり、2つしかない席をそれぞれ占有していた。

店の奥には**店名と、1965年**※と書かれている。その数字が開店した年を指しているなら、ベトナム戦争の真っただ中に始まった店ということになる。そして、よく見ると店員は男だけ。しかも初老ばかりだ。まさか、オープン当初からメンバーが変わっていないのか。

まずはビアサイゴンと生春巻きを頼む。一時期はベトナムに来たら路上の焼肉か生春巻きばかり食べていた。色々と食べてわかったのは、タレの重要性だ。生春巻きのタレは大別すると、味噌っぽいもの、酢漬けの野菜ダレ、そしてニョクマム系の3タイプがある。この店はニョクマム系で十分合格の味だった。皮はハノイやホーチミンでは白が多いが、**この店はなにやら茶色い**※。これが実によい食感なのだ。

※店名と、1965年
ネット検索すると、いろいろなバージョンのメコンと1965がある。大きなグループ店なのかもしれない。トリップアドバイザーではカントーの人気レストランで4位に入っていた（取材時）。

※この店はなにやら茶色い
カントーなどメコン河流域で生春巻きの皮を生産しているとのことで、地元で流通しているものなのかもしれない。春巻きの皮は大体編み目がついているが、それはザルに載せて乾燥させるからだ。

絶品のクレイポット。絶妙な味付けで、白米が進む

●抜群に旨い土鍋料理

※**ビールもよく冷えていた**。ここ、間違いなく当たりだ。それほど腹は減っていなかったが、もうちょっと食事を楽しみたくなった。そこでメニューを見て高くなく安くもない「クレイポット」なるものを頼んだ。土鍋ってことだろうか。※**7万ドンくらい**なので、3ドル半。

これがまた大正解。土鍋に豆腐とカシューナッツとフクロタケが入っていて、鍋焼き状になっている。しょうゆ風味の濃い味つけで、なんと白飯つき。これが絶妙に合う。ビールなんか忘れてバクバク食べてしまった。

土鍋がテーブルに来たときに、初老の男が食べ方を説明してくれる。

「熱いからね、こうやってご飯に載せて、このタレもすくってかけるんだ」

※ビールもよく冷えていた
東南アジアは冷蔵庫の普及以前、ビールに氷を入れて飲むことが絶対だったこともあって、冷えていないことに対して罪悪感がない人が多い。また、国によってはそもそもビールは常温で飲むということもあるので、そういった国に合わせている可能性もある。いずれにせよ、ボク個人的にはビールを冷やさないのは冒涜だと思っている。

※7万ドンくらい
近年、日本のノマドワーカーなど、ネット環境さえあれば仕事ができる人が東南アジアに来ているが、確かに1食7万ドン（約335円）で済んでしまうなら、日本国内にいるよりもずっといい。

ジュウジュウ鳴いている土鍋からフクロタケを少し取り、白飯に載せる。熱でぐつぐつといい香りを放っている鍋の中のソースをさらにかけて見せてくれる。

「豆腐はね、熱いから気をつけて食べること」

バカにしちゃあいけないよ、ジイさん。ボクはね、**辛いものと熱いものは一気に食べる**※と決めているんだ。忠告を無視して豆腐を口に放り込んだ。「熱い」が言えないほど熱い。真っ赤に焼けている炭を口に入れたような熱さだ。「だろ？」といった顔で初老の男は微笑む。

「それから、中の料理をすくう際は鍋のふちに注意だ。やけどするぞ」

いやいや、さすがに。それは40歳のボクに言うようなことじゃないでしょうよ。

「熱っ‼」

レンゲの長さがある意味絶妙で、どうやっても鍋のふちに手の甲や指が当たってしまう。これはもう店側で改善するべきものじゃないか？　そんなやり取りを楽しみながら、夜が更けていく。こんなに素晴らしい店は滅多にない。絶対にまた明日、ランチに来よう。

「※**また明日会いましょう**」

そう初老の男と約束して、ボクは宿に帰る。

翌朝、カントーの水上朝市を見学して荷物をまとめ、ホテルをチェックアウト。逸る気持ちを押さえて「メコン」へ向かう。しかしこの店、夜だけしか営業しておらずタイムアップ。なぜ確認しなかったのか……。ホーチミンへの帰路、ボクはずっと自分を責めたのだった。

※**辛いものと熱いものは一気に食べる**
子どものころからピザやパスタは表面が真っ赤になるまでタバスコをかけて食べていた。マヨラーではないが、かけられるものにはとりあえずかけていたので、実家ではいつもタバスコは大瓶だった。

※**また明日会いましょう**
こんなこと、日本語では絶対に言わないのにね。人は旅に出ると調子に乗るようである。

【中部 ダナン】
ミークアンを食べずして帰ることなかれ

うどんというよりはきしめんに近い、米粉で作る白く平たい太麺の料理をダナンでは「ミークアン」という。ベトナム中部料理は塩辛い傾向にある。実際にこのミークアンもだいぶ塩辛かったが、そういうのが好きなボクにはぴったりすぎるほどハマる味わいだった。

このミークアンはホイアンが栄えていたころにやってきた日本人が伝えたうどん、あるいはきしめんをベースにしたとも言われている。ただし、そういえる物的証拠はないらしくて、あくまでも状況的にそうだったのではないかとされているそうだが……。

ミークアンの店はダナン市内ならどこにでもある。インターネットで検索すると、宿から歩いて5分もしないところに、1972年にオープンしたという老舗「※**ミークアン・アイニャ**」があることがわかった。店主はかなりのこだわりを持つ人物で、自分で作らなければ納得できる味が出せないと、いまでも厨房に立っているのだとか。そんなダナン名物（ホイアン名物とも言われている。近いから似たようなものか）とも言えるミークアンを食べない

※ミークアン・アイニャ
ミークワン・アイニアと読む場合もあるらしい。
【名称】Mỳ quảng Ái Nghĩa
【住所】30 Le Dinh Duong, Da Nang
【営業時間】6時～22時

ミークアン・アイニャ

「ミークアン・アイニャ」の牛肉入りミークアン。こってりした味付けで絶品

わけには行くまい。

というわけで、※**すぐさま店に向かう**。ネットで見かけたのと寸分違わない外観。店内にはメニューが壁に貼ってあるのも同じ。ただ、牛肉のミークアンだけ値段が違っていた。正確には同じなんだが、ネットにはなかった新しい種類があり、※**牛肉のノーマルは2・5万ドン**と同じだが、よくわからない牛肉のなにかは4万ドンもする。ボクは全部載せのようなものだろう思い、それを頼んだ。

結果としてはおいしくて正解だったが、後でメニューのベトナム語を調べてみるとよく炒めた牛肉入りのミークアンらしかった。それでも十分にレアの部分があって、そうなるとノーマルは生肉なのだろうか。よくよくメニューを見てみれば全部載せらしきものは別に5万ドンで存在していた。

ミークアンはこってりとしたスープが入っている。出汁はよくわからないがピリ辛でおい

※**すぐさま店に向かう**
121ページで紹介しているドラゴンブリッジからすぐのエリアで、近辺はおしゃれなカフェが建ち並んでいた。ダナンの若い女の子たちはみんなカフェ好きのようで、夜遅くまで賑わっている。

※**牛肉のノーマルは2・5万ドン**
2・5万ドン（約120円）は牛肉、鶏肉、スモールリブ（豚?）、魚、アヒル。アヒルのもも肉は3・5万ドン（約170円）、カエルは3・2万ドン（約155円）。卵やライスペーパー揚げをつけると、それぞれ5000ドンが別途かかる。

しいものの、スープは丼の半分くらいしかなく、ぬるい。ミークアンはほぼ汁なしの麺料理で、つけ合わせの野菜をたっぷりと載せて混ぜ合わせてから食べる。サラダ麺のような雰囲気もある。野菜のシャクシャクとした食感と、麺のつるつる感が相まっていい。ただ、野菜は香草も交ざっているので、苦手な人は避けた方がいい。別料金で生春巻きの皮を揚げたものも頼める。これを割って入れるとまたサクサク感も加わる。

ほかにもミークアンの名店がたくさんあるようで、ネット検索では「**ミークアン1A**※」という店が基本的に上位に表示されていた。いずれにしても、最近はホーチミンなどでも食べられるらしいが、基本的にはダナンとホイアンくらいでしか楽しめないものらしいので、この辺りに来たら絶対に外してはいけない料理になる。

それでこの「ミークアン・アイニャ」なんだが、最初の日は女将さんしかおらず、もしかしたらご主人は中で作っているのかも、と思っていた。この店も英語が通じない。どうやらネット上で取材をした人は在住者でベトナム語ができるのだろう。それらの記事の印象ほどには外国人対応がされていなかった。別の日に鶏肉のミークアンを試そうと行ってみた。鶏肉もまた美味で、牛肉と甲乙つけがたい。この日は女将さんとご主人がいたが、ご主人は結構愛想がいい感じでニコニコしていらっしゃった。

が、全然厨房に行かない。**絶対バイトのおばちゃんが作っているる**※と思う。取材でいいように言っちゃった感じなんだろうな。いずれにしたっておいしいのだけれどね。

※**ミークアン1A**
【店名】Mì Quảng 1A
【住所】1 Hai Phong, Thach Thang, Q.Hai Chau,Da Nang
【営業時間】6時～21時

※**絶対バイトのおばちゃんが作っている**
店には、ご主人と女将さん以外にバイト風のおばちゃんがいた。おばちゃんは一度厨房の方に引っ込むとなかなか出てこなかった。たぶん作っていると思う。

【中部　フエ】

ブンボーフエはやはりフエが一番か？

ダナンの名物「ミークアン」やホイアン名物「カオラウ」はほかの都市ではほとんど見かけない麺料理だ。ウソか本当かはわからないが、ホイアンのカオラウは、ホイアンのある井戸の水でしかコシを出せないとされていて、だからほかの地域では見かけないのだとか。

とにかく、ベトナムは**各地に名物の麺料理がある**※。その中には、名前を聞いただけでそれがどこの料理か一発でわかるという名物麺料理もある。

それは「ブンボーフエ」だ。

「フエ」の「**ボー**※**（牛肉）**」の「ブン」。すなわちフエの牛肉麺だ。

ブンとはそうめんのような細い麺で、米粉を溶いた水を押し出すようにして作る生麺のこと。製造過程でやや発酵させるという特徴がある。フエのブンボーフエは特に太麺だとされているが、この料理はいまやベトナム全土で食べられるので、少々ありがたみは少ない。

せっかくフエにきたのだから、有名店のものを食べようと思い、フエのリートゥーギエッ

※各地に名物の麺料理がある
フォーは北部、南部のフーティウ、ブンでは142ページで紹介したブンチャーがハノイ名物だし、ダナンにもブンカーというのがある。南部のメコンデルタでは魚を発酵させて作る調味料を使ったブンマムが知られる。

※ボー（牛肉）
ボーが牛肉で、ガーが鶏肉など、食事から憶えられる簡単なベトナム語も多い。

ト通りにある、日本語で「ガイドブック掲載店」と書かれた店に行ってみた。

店名は、なんとそのものズバリ、「**ブンボーフエ**[※]」。東南アジアでは屋号がない店も普通なので驚くべきことではないが、もう少しこだわってもいいのにと思ってしまう。

この有名店は基本的に外国人と見るや、ブンボーフエ前提で注文を取りに来るのだが、普通サイズと大盛りサイズがある。大盛りでもハノイのフォーの店とあまり変わらない量で、男性なら大盛りがよいだろう。普通盛りが3・5万ドンで、大盛りは5万ドンぐらいだ（炭酸飲料と一緒の会計で6万ドンだったので）。

注文が終わるとものの1分でお目当ての料理がやってくる。ぱっと見た感じは噂ほど太くはなく、普通の麺料理だ。

味は悪くはない。牛肉、野菜ともたっぷり。ブンボーフエの特徴は豚肉や牛肉、魚介類のすり身団子をたくさん使う。そのため、ボリュー

ベトナム中、どこでも見かけるのでありがたみが少ない「ブンボーフエ」

※ブンボーフエ
「Đặc Sản Bún Bò Huế - Quán Số 1（ナンバー1のブンボーフエの意味）」と書かれたひさしの文字が目印。
【住所】19 Ly Thuong Kiet, Phu Nhuan, Thanh pho Hue, Thua Thien Hue
【営業時間】7時〜19時

目印は青い看板。隣には黄色い看板のパクリ店があるので注意

ム満点。ただ、牛骨などから取ったスープには魚を発酵させて作る味噌のようなものを合わせているため、独特な風味がある。苦手な人は嫌いな味かもしれない。

まあ、正直、フエに来てまでこのレベルかという感想は否めない。

店は韓国人か中国人の団体客が観光バスで乗り付けてくるくらいなので、人気はある。単にボクがブンを好きじゃないというのはあるにしても、生まれた場所から遥か彼方の田舎町まで一所懸命に来てまで食べるものなのだろうか。

ただ、ここの店員さんは女の子ばかりで、英語はカタコトレベルだけれども、案外にかわいくていい。ベトナム人が苦手とする**スマホのフリック操作**※も頼んだらなんなくこなしていた。

ブンの味は大満足とはいかなかったけれど、店員さんたちのすてきな笑顔が見られたんだから、まあいい店だったのかな。

※**スマホのフリック操作**
フリック入力とも言う。日本語入力時に例えば「あ」は1回押す、「い」を打ちたかったら「あ」を押しながら左にスライドさせるなどして行う入力方法。

【中部　ダナン】

鶏がゆ食堂のばあさんが伝えたかったこと

ハノイでさえ英語ができない人が多いのに、地方都市でそれを期待するのはなお酷というものかもしれない。

ダナンで泊まった安ホテルは外国人向けの予約サイトにも掲載しているのに、誰も英語ができない。場所はハン川のそばの市街地側で、週末の名物であるドラゴンブリッジもすぐ目の前だし、地元民向けの飲食店が多かった。

宿の斜め前に**「コムガー」と掲げた店**※があった。コムはご飯、ガーは鶏肉だ。いよいよこれくらいのベトナム語は憶え始めていたし、そもそも店頭に鶏を丸々飾っていれば嫌でもわかるというものだ。とはいっても、コムガーだけで果たして通じるのか。

表の調理台を覗いていると、戸惑ったばあさんが近づいてくる。外国人はまず来ないのだろう。とりあえず「コムガー」と言ってみる。すると、ばあさんは調理台横の鍋を指した。大量のおかゆがあった。そのときは結構寒かったから、おかゆもいいな。じゃあ、それ。ち

「Cơm Gà」と掲げる店

※**「コムガー」と掲げた店**
前項のブンボーフエの店と同じで料理名が店名になっている。超ローカルな店なのでホームページなどはない。

鶏肉がゆ「チャオガー」。鶏肉のしっかりとした旨味を感じる逸品だ

なみにこれは「チャオガー」だそうだ。

　適当に席につくとものの30秒でおかゆはやってくる。そりゃそうだ。鶏肉をちょっと切って、すでにできているおかゆに載せるだけだ。

　鶏肉をまずは口に運ぶ。うまい。地鶏なのか、ほどよい弾力で、※**うま味のある鶏肉**だった。おかゆも米が砕け、実に胃に優しい。

　しかも、これ、※**ひと皿がたったの2万ドン**だ。ハノイやホーチミンだと食堂でご飯ものを頼むと3万ドンはする。たまたま宿をここにしたから出会えたが、違うところに泊まっていたら絶対に来ることはなかった。本当にラッキーだ。

　数日して身体があの鶏肉を欲していることに気がつく。取材では極力色々な店に行くようにしているが、あの肉を食べたくて仕方がない。

　やっぱり外国人客は相当珍しいのか、また来たか、というような歓迎をされる。こういうのもまた嬉しい。今回は食材の棚にあったサフランライスのような黄色い米を指した。

※**うま味のある鶏肉**
東南アジアは全般的に鶏肉がおいしいと思う。一時期はどこに行っても屋台で串に刺して焼いているヤキトリをひたすら食べまくっていた。

※**ひと皿がたったの2万ドン**
約95円くらい。ここに限らず、ダナンはどこも食事は安かった。ただし、それは食堂などの地元民向けの店。チェーン店や洒落たカフェなどは大都市と同じような設定で、ギャップからより高く感じられた。

※**ソイガー**
黄色いのはもち米だった。ソイガーは鶏おこわとも呼ばれ、他所では鶏肉と蒸した米の料理のようだが、ダナンではもち米を使い、鶏肉はタマネギと共にマリネっぽく和えている。感じとしてはサラダ風だろうか。ちなみに左の写真がコムガー。

やってきた料理はコムガーではなく「**ソイガー**※」というものだった。これもまた、実にうまいのなんの。箸でもスプーンでも食べにくいが、肉は相変わらず噛むほどに味が出る。これもやっぱり2万ドンだった。

さらに別の日にも行き、今度こそコムガーを頼む。白い米にたっぷりの鶏肉。**海南鶏飯**※に似たものかと思うと、そういうわけでもない。一応スープもあったが、味はほとんどしない。おいしいと言えばおいしいが、チャオガーとソイガーほどの感動はなかった。

食べていると、ばあさんが話しかけてきた。全然言っていることはわからない。それで、カバンに入れていた指さし会話帳を出した。2回目のときもばあさんはなにか言いたそうだったが英語も通じないし、ボクはそこの宿にいるんだとジェスチャーで伝えたのにわかっていないようだった。会話帳なら意思の疎通ができるかもしれないと持参していたのだ。

当然ながらばあさんに会話帳の仕組みはわからない。ボクから「おいしい。ありがとう」と伝えて見せたが、そんなことで使い方がわかるわけもない。じゃあ、単語を拾えばいいかとうしろのベトナム語の索引を見せる。しかし英語のアルファベット順になっているので、案の定、言いたい単語を探すのに苦労しているようだった。

そうして、やっとみつけた単語を「これだ、これだ」といった風に目を輝かせて指した。

「Khoai＝芋」

うんうん、わかるでしょ？　とドヤ顔のばあさんが何度も頷く。わかるわけねえって。

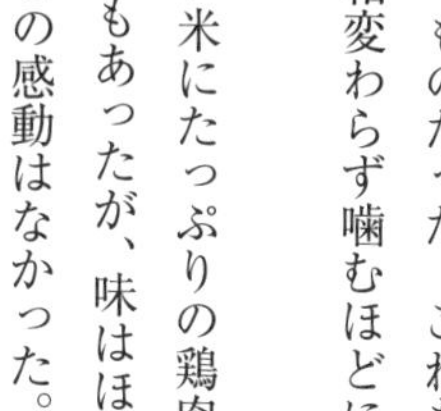
ソイガー

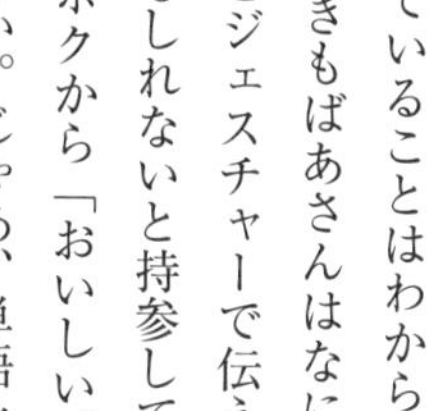
コムガー

※海南鶏飯
タイのカオマンガイ、シンガポールのチキンライスの原型で、その名の通り、中国の海南（ハイナン）島が発祥の鶏載せご飯。

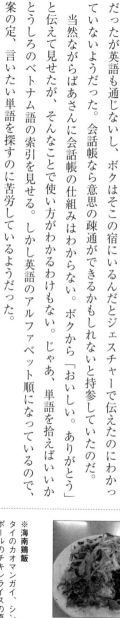

【中部　ホイアン】

ホイアン三大料理はここで食べろ！

ホイアンには**三大名物料理**※がある。「カオラウ」と「ホワイトローズ」、「揚げワンタン」だ。一番最後のものはエビがちょこんと入ったワンタンを揚げたようなもので、似たような料理はほかにある。しかし、カオラウとホワイトローズはホイアン以外ではほとんど見かけない。カオラウは麺料理、ホワイトローズも米粉を使った料理だ。なかなかのネーミングセンスだが、白っぽくなった茹でワンタンが白いバラのようだとしてこう呼ばれる。

実はこれらのホイアンの名物は、ホイアンにある「ジアンバーレー（バーレー井戸）」で汲んだ水でしか出せない弾力なのだという伝説がある。**往々にしてそういったものは迷信**※であったりするが、実際にハノイやホーチミンではカオラウをまず見かけないと考えると、案外ウソではないのかもしれない。

そのため、このホイアン三大料理を楽しむにはホイアンに来ることが必須になるが、まあなかなか全部が揃ったところは少ない。カオラウの食堂はあるがホワイトローズは扱ってい

※三大名物料理
上記の料理に187ページで紹介したミークアンや、193ページで紹介したコムガーを加えて、五大名物料理とすることもある。

※往々にしてそういったものは迷信
本当にその井戸でしかダメなら悪いことを考えるヤツが現れると思うわけで。142ページのブンチャーも人気店の隣に堂々とパクリ店を作っちゃうのだから、これで一儲けを企む人が絶対いるはず。いや、すでにいたりして。

ないなど、3つすべて揃っている店は意外と少ないのだ。

そこでおすすめしたいのが、昔の町並みがあるエリアの一本外側のチャンフンダオ通りにある「**ティーガーデン・レストラン**※」だ。ここなら三大料理どころか、ホイアン五大料理もバッチリ揃っている。

ボリューム満点のカオラウ。「名物に旨いものなし」の格言は誤りだった

カオラウは汁なし麺とも呼ばれる。ダナンのミークアンは和えるようにスープが丼の半分くらいは入っていたが、カオラウの場合はスープはなく調味料が入っていた。麺とかき混ぜて食べる。麺の弾力が実にいい。ラーメンなら太麺を好むボクとしては、カオラウはベトナム麺料理の中で断然食べ甲斐があった。

ホワイトローズもただのワンタンくらいにしか思っていなかったが、米粉から作った皮が分厚く食感もいい。揚げワンタンは見た目よりもボリュームがある。中のエビもしっかり風味があって、三大料理をハイレベルで堪能できた。

※ティーガーデン・レストラン
【名称】Tea Garden Restaurant
【住所】111 Tran Hung Dao, Phuong Minh An, Hoi An
【営業時間】7時～22時半
【HP】http://teagardenhomestay.com/（ホテル）

ティーガーデン・レストラン

なによりもこの店がよかったのは、店先に「※**フレッシュビール3000VND**／GLASS」と掲げていたことだ。むしろ入店時は三大料理のことはすっかり忘れ、このビールに気を取られていたくらいだ。

「フレッシュビールって、ドラフトビール？」

きょとんとされたので、「ビアホイ？」と訊き直す。

「そうそう、ビアホイ」

まさかと思い一応確認すると、本当に1杯3000ドンだった。日本円で15円くらいか。ハノイだと安い店で5000ドン。それを下回るとは。※**ひょっとしたらベトナム最安値では？**

あるいは酷いビールが来るかもしれない。そう思ったが、ちゃんと冷えていて普通の生ビールだった。ジョッキは中ジョッキと小ジョッキの中間くらいの大きさ。10杯頼んだって150円。しかもホイアン名物はすべておいしい。何気ない店でありながらこのハイクオリティー。ここはホイアン随一のレストランだ。

※フレッシュビール3000VND
証拠の看板。ビールの安いベトナムでも、この価格は他に見ない。

ビール1杯3000ドン

※ひょっとしたらベトナム最安値では？
ホーチミンで知り合ったベトナム人にこの話をしたところ「3000ドン？　見間違いじゃない？」と言われたくらい。現地の人（しかも中部出身の人）でも信じられない安さのようだ。

【第四章】ベトナム人マジカル生態観察ツアー

詳しい地図はこちら！

http://bit.ly/2rGqNpG

愛すべきワンダーな人々に出会う旅

人々が織りなす脱力ドラマ★

ベトナム人は生まれ故郷を大切にしているのか、ほかの地方の人をあまり認めないような気がする。どこに行ってもそれぞれの出身者を見下す傾向にある。

北部の人を、それ以外の地方の人たちは生真面目、冷酷、保守的と評する。

中部の人は、信用ならない、ウソつきなどと言う。

南部の人は、陽気で無責任などと表現する。

特にハノイでは南部の人は自分が南部出身であることを明かさないようにしているのだとか。それまで仲よくしていても、南部出身と知るやいきなり冷たくあしらわれることもあるという。

一方で、例えば北部の人は冷酷とは言いながらも懐に入ってしまえば家族同然に扱ってくれると言う人もいる。冷酷というのは最初だけで、実は情が深い一面もあるのだとか。

そのようにベトナム人同士は出身地をベースに互いにレッテルを貼っているようだが、我々日本人からすれば、ベトナム人はみんないい意味で「変なヤツ」ばかりである。

ある日、ハノイでタクシーに乗ったとき、「この道を左に曲がった先にある○○という店」と告げると、「ああ、あそこね！」と笑顔でハンドルを右に切った運転手に出くわした。そこまで豪快にボッタクリする気を見せつけられると、人間、不思議と怒りはシンと静まりかえる。

ハノイ市街からクアットラムという海岸置屋に足を運んだときは、満員のバスの車内に英語をたった1単語でさえも解する人はいなかった。それでも目的地に着いたし、車内の無料Ｗｉ‐Ｆｉもなんとかパスワードを手に入れ、ネット接続できた。要するに、ベトナムは言葉ではなく気持ちである。

あるときは笛吹きの物乞いに、あるときはバーの女に、あるときはバイクタクシーのじいさんに罵られることもあった。理不尽極まりない怒られ方をするということもあったが、なぜだか彼らを憎めない。

何度もベトナムに足を運んでいるうちに、その理由に思い当たった。ベトナム人が「おもしろい」からなのではないか。

ベトナム旅の醍醐味は人間観察に尽きる。国民の独特な生態をじっくり観察しよう

巻き込まれたのが論理的で正統派のトラブルであれば、こちらにも反論や弁解をする余地がある。しかし、まったくこちらに非がないどころか、なぜ腹を立てているのか理由すらわからないときに怒られたとしたら、それはもう「おもしろい」のだと思う。

ベトナム人たちの根底にある、意味不明さがどうしても憎めないのかもしれない。ホーチミンの屋台の飲み屋で出会った若者は大学を出て、英語もペラペラのインテリだった。

しかし、彼は北部の人と中国人を蔑視する（ベトナム人は全般的に中国嫌いが多い）。いろいろな話をして、理論的に、学問的に分析している様子はすごく頭がいいのだろうと感じさせるが、突如、その部分だけその意見を支える柱がない。こんなに「おもしろい」ことがあるだろうか。

ここではベトナムをベトナムたらしめている要因となっているおもしろいベトナム人を中心にした脱力ネタを一挙に紹介したい。

そんなことってあると思う人もいるでしょう。あるんですよと声を大にして言いたい。バカにしているのではない。そんなおもしろいベトナム人をみんなで愛でようじゃないか。

【ベトナム全土】ハノイ人とホーチミン人は仲が悪い？

ベトナムの国土※は三日月型で南北に長い形をしている。

交通の便が悪かった時代は、各地方が分断されていたため、それぞれの地域で違った国民性が育まれたといわれる。簡単にいえば、ハノイを中心にした北部の人は神経質で、他者と容易に打ち解けない。一方、ホーチミンを中心にした南部は南国らしい気質を持ち、おおらかな傾向があるのだそうだ。

北部は寒い季節は気温が一桁台にまで冷え込む。南部はそこまで寒くはならないので、極端に言えばTシャツ1枚あればいつまでも過ごせる。北部は季節ごとに準備をして、また次の季節に備えなければならない。現実的におおらかな気質だけではやっていけないということもあるのだろう。

またハノイ人は特に自分たちが首都の住民であるというプライドがある。**ベトナム戦争時は北と南で国が違った**※わけで、こっちが上だという意識も多少あるのだろう。排他的で、中

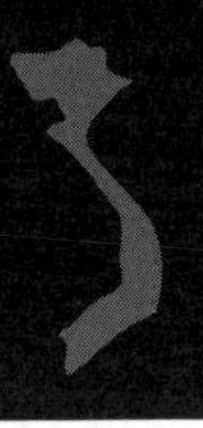

※ベトナムの国土
ベトナムの国土は弓のような形状をしており、南北の長さは約1650キロにもなる。ちなみに面積は日本の約80％。日本列島から九州を除いた分にほぼ等しい。

※ベトナム戦争時は北と南で国が違った
ベトナム戦争当時、ベトナムは北緯17度線を境に南北に分断されており、北部はホー・チ・ミン率いるベトナム民主共和国（首都はハノイ）、南部はゴ・ディン・ジエムのベトナム共和国（首都

部や南部の人間を小馬鹿にするところがあるらしい。
南部からハノイに嫁いだある女性は、市場で買い物をしていたら一瞬だけ南部訛りが出たことがあったそうだ。そうしたら、その日から市場でモノを売ってもらえなくなったという。それほど根深いものが北部にはある。

ハノイで見た青空床屋。こういうのを見ると神経質とは思えないんだけど…

南部の人は北部の人を冷酷だとか、神経質と侮蔑する。ただ、市場で訛りが出ただけでそうなるエピソードを聞けば、確かにそうだとも思うが……。

だから、南部から北部に出稼ぎに出る人はほとんどいない。逆に北部から南部にくるケースはある。南部の人々は北部の人々を嫌っているものの、あからさまに差別をしたりはしない。そこがまさにおおらかさのひとつでもある。

もっとも、南部の人が北部に来ないのはホーチミンが商業市場として大きいからということもあるだろう。**ハノイよりも参入しやすく**※、雇

はサイゴン）が支配していた。1976年、ベトナム戦争が共産圏の支援を受けたベトナム民主共和国の勝利に終わると、ベトナム共和国は吸収されることになった。

※**ハノイよりも参入しやすく** 実際に外資系、例えば日本のイオンモールもベトナム1号店はホーチミンだったし、デパート「高島屋」も同様だ。ほかには「マクドナルド」も最初はホーチミンから展開している。

タバコのバラ売りを快く了承してくれるなど、北部の人も優しい

用条件のいい職場があれば、別に生まれ育った場所から遠くに行く必要はないのだ。

●ビールで占うベトナムの国民性の未来

しかし、こうした気質の違いによるいがみ合いは、そのうちなくなるとボクは思っている。なぜなら、食の分野での南北の雪解けはすでに始まっているからだ。

流通業界の発展とビジネスの拡大で、今やビアサイゴンがハノイを席巻している。至るところに看板が掲げられ、たいていの飲食店でビアサイゴンを扱っている。少なくとも2011年までは**ハノイでビアサイゴン**※はほとんど見られなかった。それが大きく変わったのだ。

一方、南部ではビールではなく、北部料理が人気になっている。

ホーチミンの街中には、北部料理の料理名を掲げるレストランが増えており、舌鼓を打つ

※**ハノイでビアサイゴン**
ビアサイゴンが北部でシェアを伸ばす一方で、北部の代表的銘柄のビアハノイは南部でほとんど見かけない。ビアサイゴンに比べるとビアハノイの味の評価が高くないというのもあるが、もしかしたら南部人の北部への感情がなにかあるかもしれない。

※**北部料理には抗えない**
ベトナムでは挨拶の言葉は「シンチャオ」。日本のように時間で挨拶の言葉が変わることがない。一方で、ベトナム人は挨拶代わりに「ご飯食べ

ホーチミンっ子も多い。

ホーチミン在住の日本人が南部料理よりも北部料理がおいしい理由を推測するには、

「北部は寒い時期に収穫できる野菜が減りますから改善の努力をする。南部のように年間通してほとんど同じような気候だと努力をしなくても食料は手に入りますし」

という。限られた環境の中で努力した結果、北部料理はおいしく発展した。ホーチミンの人はハノイ人を嫌いながらも、※**北部料理には抗えない**ようである。

ハノイとホーチミンはそれぞれで地下鉄の開発を進めている。日本の大手ゼネコンや中国、韓国の企業が参加して急ピッチで工事をしているが、その中で事故が何度か発生して死傷者が出ている。これがどうも韓国や中国のゼネコンが担当する箇所で発生していて、日本の担当部分はそういったことがほとんどないらしい。ホーチミンは日本の担当箇所が多いようで、ハノイ人はそれをうらやみ、ホーチミン人は鼻を高くしているのだとか。

ただ、この話もボクはあくまでも在住日本人の目線を経由して聞いているに過ぎない。体感的には南北のいがみ合いは感じたことがないし、ハノイにビアサイゴンがやってきて、ホーチミンでは北部料理が人気となると、これからはそんな些細なことはなくなるのだと思う。今は※**LCC（格安航空会社）も数多く就航**しているので、ベトナム全土が狭くなった。根拠がビールというかなり小さいものだけれど、ベトナムはこれからまとまっていくのかなとボクは楽観している。

た？」と聞くらしい（東南アジア全般でそうだが）。食べるということ、すなわち食がすべてに繋がるのだ。

※**LCC（格安航空会社）も数多く就航**

個人的には「ジェットスター」が使いやすい。しかし、見逃せないのが「ベトジェット」。社長が女性で世界長者番付にもランクインしたのだが、CAがビキニになるサービスを実施して有名になった。また、ベトジェットの看板女性がかわいくてボクは好きである。

ベトジェットの立て看板

【ベトナム全土】

ベトナム人女性との交際は覚悟が必要？

東南アジアの女性は本当にかわいい。特にベトナムはいい。華奢でピッチピチでヤングでキュート。ベトナム人女性は比較的胸が大きく、スタイルがよい。**アオザイ**※を着るとその特徴はよりはっきりして素晴らしい。

なんとかアオザイの似合う妙齢のベトナム人女性とお近づきになる方法はないものか。色々考えた結果、やっぱり制服としてアオザイを頻繁に着ている女学生あたりと交際するしかないのではという結論に行き着いた。まずは敵を知らねばなるまい。ということで、街をゆく若いベトナム人カップルを観察してみたら彼らの不思議な生態が見えてきた。

●ドS気質が基本なベトナム女子

ホーチミンの若者が集まる場所を散策していると、奇妙な光景を頻繁に目にした。若い女性が好みそうな洋服店の前で、若いあんちゃんが所在なさげに何人もフラフラして

※アオザイ
ベトナムの民族衣装。男性用もあるが、女性用が有名。衿の立った、丈の長い細身の上着とズボンで構成されている。女学生は特別な日に白いアオザイを着る習慣がある。

白アオザイを着た女学生

いる。ナンパでもしているのかと思ったがそうではない。どうやら彼女と買い物に来たのだが、男だけが店の外で待機しているようだ。

南部のデパート前で見かけたベトナム美女。気の強そうな感じがたまらない？

日本ならデートの際に彼女が服を買う場合、せめて店の中までは一緒に入っていく。ベトナムはどうもそうはいかないのか、※**男たちは彼女の買い物が終わるまで店の外で待つ**。

実際、興味のないショッピングにひたすらつき合わされるよりはマシだと思うが、どうも事情はそれだけではないらしい。ホーチミン在住のある日本人が言うには、これは単に女の子側がステータスを示すための行動なのだという。

「極端にいえば、※**交際経験のない女性がまずしてみたい**ことは、彼氏を外に待たせて買いものをすることなんです。いいか悪いかは別にして、ベトナム人はストレートですから、女性が交際を求められたときにまず聞くのは、バイクか車を持っているかということなんです」

※**男たちは彼女の買い物が終わるまで店の外で待つ** この光景は隣国ラオスでも見かけた。ラオスとベトナムは兄弟関係に例えられることが多い。兄のベトナムがそうしているのだから、弟のラオスも服屋の外で彼女を待つのである。

※**交際経験のない女性がまずしてみたい** ほかには、彼氏を学校や職場に迎えに来させるだとか、友だちとの待ち合わせに送らせるだとかがあるらしい。交際経験がない人がなぜそこを望むのか。恐るべし、ベトナミーズ・ガールズたち。

待っている彼氏がいるというのが自慢であり、かつ愛されていると実感する瞬間なのである。これらの行為は女性にすれば愛情の確認作業なので、交際開始時だけでなく※**結婚後も延々と続く**。はっきりいって、男にとっては地獄でしかない。

●ベトナム女子にモテる条件とは？

ベトナムに限らず東南アジア全域で見られるのがスマートフォンの普及によるＳＮＳでの現状確認だ。友人と飲みに行っているという言葉だけでは信じてもらえず、一緒にいることをテレビ電話で証明しても、30分おきに確認が入る。向こうからかけてくるならともかく、男から定時報告をすることを義務づける女性もいるようだ。

なぜ30分かというと、その時間ならばコトに及べないから、ということらしい。いや、仮に誰かを口説いているとしたら、1時間でも足りなくないか？　ブラッド・ピットなみの顔を持っていれば話は別だが、普通に考えてあなたの彼氏はそんなにカッコよくないですよ、と言いたい。まあ、コトに及び始めていれば、30分なんか余裕なんだけれども。

まあ、なにかと〝重い〟ベトナム人女性だが、もちろん長所もたくさんある。聞くところによると、ベトナム人女性はアッチの方が情熱的なんだとか。夫婦生活もしっかりしているらしく、※**ラブホテル**は若いカップルの逢引の場だけでなく、結婚した夫婦がたまに場所を変えて、といった使い方もするのだとか。

※**結婚後も延々と続く**
こういう交際のスタイルは、付き合えた喜びで浮かれている最初のうちはいいが、そのうちに面倒になって破綻する。実際、ベトナムでも近年離婚数が増加の傾向にあるという。

※**ラブホテル**
日本のようなそれ専用のホテルではなく、時間貸しをしてくれる普通のホテルを利用している。

その一方で、貞操観念は固く、ホーチミンの都会っ子でも明治時代かと思うほどガッチガチ。ただ遊びたいだけの人には重荷かもしれないが、真剣に将来のことを考えているならば、ベトナム人女性はアリではないか？

屋台がイヤなのか、ご機嫌斜めのベトナム美女。オジサンとレストランに行こう！

ちなみにベトナム人女性にモテる男性の条件は、**金持ち**[※]だそうだ。

とはいえ、さすがにストレートなベトナム人女性も「お金、持ってます？」とは聞けない。そのため、外見で判断する。

その判断基準の中身だが、まず太っていることが第一条件。腹が出ていて、色が白いのが金持ちルックなのだとか。中国でもそうだが、富裕層というのは太っているものなので、そのイメージなのだろう。また色白だと、「外で仕事をしていない」＝「オフィスワーカー」＝「高学歴で高収入」という図式が成り立つのだ。

太った色白の日本のおじさんたち、今すぐベトナムへダッシュ！

※金持ち
金持ちであることに加えて、気が利く男であることも求められる。ベトナムの若い女性はいわゆるお姫様扱いされることを好む。店に入るときはドアを開けて先に入れてやる、レストランの席に座るときは椅子を引いてやるといったことを、めんどくさがらず自然にできるとモテるのだそうだ。

【北部　ハノイ】
目撃！ ベトナム警察VS屋台の店主

ハノイの冬は寒い。日本の気温一桁台とは違うが、※**東南アジアで15℃前後になれば、それはもう冬**と言っていい。そんなハノイでは鍋料理が食べられる。声調記号を無視すればアルファベットで「LAU」と書く。ラウと読み、牛肉の鍋からヤギの鍋、犬肉の鍋とバリエーションは豊富だ。

どうも犬肉は身体を温める作用があるらしく、特に男たちがみんなで集まったときには犬肉を食べ、夜の街に繰り出すのだとか。精力アップの効能もあるらしく、人気がある。犬肉は牛肉と豚肉の中間のような味で、想像されるような臭みがない。肉だけでなく、腸かなにかに血を詰めたものなど、とにかくすべての部位を食べるようだ。

ボクはラオスとハノイで2回ほど犬肉を食べたことがあるが、まずいとは言わないけれど、※**あまり食べたいとは思わない**。興味がある人は「ドンスアン市場」の近くの線路沿い、ハンコット通りに2軒くらい犬肉の鍋と焼肉屋があるので行ってみては？　犬肉料理はモン

※東南アジアで15℃前後になれば、それはもう冬
日本ならこの気温だと肌寒いとか、人によってはちょうどいい感じかもしれないが、不思議なもので、東南アジアだと凍えてしまいそうな寒さに感じる。

※あまり食べたいとは思わない
まずくはなく、豚肉と牛肉の中間のような味だったような。でも、食べ慣れていないので、噛むことができてもなかなか飲み込めなかった。

ティッチョーといい、焼肉はひと皿10万ドンくらい。あとはだいぶ減ったらしいが、タイ湖と紅河の間にあるニャッタンという地域も犬肉店が多いのだとか。

ハノイでは定番の鍋屋台。屋外で食べる鍋もまた格別

普通の鍋はハノイならどこにでもある。それこそ屋台からチェーン店まで様々な形態で楽しめる。ドンスアン市場の真横には**外国人向けの屋台**※がある。ここはシーフードや牛肉など中身を選べるのでいいが、高い。1セット4人前くらいはあるにしても30万ドンはする。

それであれば、旧市街のマーマイかターヒエンに向かった方がいい。ここなら鍋が25万ドン前後になる。153ページの路上焼肉では同じ値段で焼肉を食べることができると書き、かつ高いと紹介しているが、逆に**鍋物に関しては安い**※と思う。ドンスアンが異様に高いのだが。

ボクが入ったのはターヒエンのちょうどダオドゥイトゥ通りに抜ける細い路地と交差する辺りにある店だ。ここは鍋が2人前で24万ドン。

犬の焼肉

※**外国人向けの屋台**
2017年12月に訪れたときは営業していなかった。ひょっとすると閉鎖したのかもしれない。

※**鍋物に関しては安い**
ハノイには他にもチェーン店風のちゃんとした店構えの鍋屋も多い。ハノイで見かける飲食店の多くが鍋屋のような気がするほどたくさんある。

例えば牛肉セットなら牛肉と野菜、インスタント麺がつく。ボリュームがあって、ひとりなら追加は不要。ふたりなら場合によっては肉の追加をするかもしれないといった量だ。

スープはピリ辛でおいしい。肉も硬すぎず、ちょうどよく食べられる。野菜も多いし、最後に麺を投入すると食べ応えは抜群だ。

そんな屋台なのに**タイガービールのキャンギャル**※が待機する。名前は失念したが、多少英語ができ、鍋も作ってくれる優しい子だ。店主らしきおばちゃんも気がよく、案外に居心地がいい。ひとりで行っても十分楽しめる。Ｗｉ－Ｆｉもあるしね。

●楽しそうに取り締まる警察官たち

そんな小路で飲んでいると、辺りが騒然とし出した。見てみると、**警察官**※だ。ターヒエンでは路上に席を出していいのは金土日の夜だけ。この日は水曜で、思いっきり全店が違反をしていた。

取り締まりが始まるとわざと騒ぐのは、ほかの店にも知らせるという仲間意識があるのだろう。店員たちは一斉に座席をたたみ、回収する。客は罪に問われない。だから我々は逃げる必要はないが、ビール瓶だけ渡されてすべて撤去されてしまうし、ほとんどの白人はなにが起こったのかわかっていなくて呆然としている。

警官はせいぜい5人程度。バイクで走り込んできては、逃げ遅れた店を取り締まる。楽し

※タイガービールのキャンギャル
どうやら派遣会社のようなものがあって、女子大生などがバイトで働いているようである。店付きのキャンギャルは注文を受けるし、お酌をしてくれるなど普通の店員のように働く。ほかにはタバコやビールをカバンに入れて売り歩くキャンギャルもいる。

鍋を作ってくれたキャンギャル

いだろうな、こいつら。取り締まる方法は逃げ遅れ、つまり片づけきれなかったテーブルや椅子などの備品を没収する。ある店はもう行ったと思ってひとつだけ出した瞬間、そのテーブルを取り上げられてしまっていた。その後返してもらえるかどうかは不明だが、テーブルや椅子は売り上げにも影響を与えるので、店側としては痛い損失だ。

突如現れた人民警察。屋台の店主や従業員たちは取り締まりを逃れようと大騒ぎ

　その日、しばらくそこで飲み食いしていたが、30分間に2度ほど、それが何セットか繰り返されていた。何回来るんだよと思いながら見ていたが、どうも見せしめなのか、あえてピンポイントで※**あらかじめ決めた店を狙っている**ようにも見えた。というのは、手前にもたくさん逃げ遅れた店もあるが、スルーして狙いすましたかのように一斉にひとつの店のテーブルなどを回収していくのだ。それをセットごとにターゲットを変えているように見えたのである。

　警察のやり方はジャイアン的な核心を突いた

※警察官
ベトナムの警察には「公安警察」と「交通警察」の2種類がある。公安警察は緑色の制服を着ており、一般犯罪の取り締まりを担当。交通警察はベージュ色の制服が目印で文字通り、交通違反などを取り締まる。

※あらかじめ決めた店を狙っている
タイは警察が店からみかじめ料を取り、取り締まりをしないなどの恩恵を与えるが、ハノイのこのケースではそういった印象は受けなかった。東南アジアの警察なので、いろいろな形で賄賂を要求することはあるようだが、ベトナムの場合、警察の管轄によっては内部で賄賂受け取りに厳しく対処するところもある。

いじめ方だが、店側ももっとうまくできないものかね。その30分に2回のペースが数セット繰り返される間、**何度も同じ騒ぎになり、店員が右往左往する**。見ていてデジャブ感が半端ない。何度も来るのがわかっているのだから、最初からうまくやればいいのに。

ある土曜の夜に同じ店に行ってみた。ビールのキャンギャルはボクの腹を撫でながら、ベイビーはいつ生まれるのかと何度も聞き、そのうちボクのことをベイビーと呼ぶようになった。嫌いじゃないよ、そういうの。

週末は大丈夫と言っていた取り締まりが、しっかりと土曜の夜も行われていた。ただ、警官による撤去は行われなかったので、逃げ出す屋台もなかったし、あまり騒然もしていない。この日は屋台ではなく、笑気ガス風船の取り締まりだったのかもしれない。手入れの後に周囲を歩いてみたら、どの店も笑気ガスのタンクをすべて片づけていた。

東南アジアはいま全体的に屋台を取り締まる傾向にある。バンコクもだいぶ屋台が減っているし、ハノイも同じようなことになっていると聞く。屋台は文明的ではないと認識し、恥として取り締まりを強化しているようでもある。東南アジアの旅の楽しみは屋台の食事でもあるのに、**どの国の上層部もわかってない**んだなあ。

※**何度も同じ騒ぎになり、店員が右往左往する**
235ページの鳩の話と同じで、何度も繰り返す学習能力のなさが、ベトナム滞在をおもしろいものにしている一因でもある。だからずっとこのままでいてほしい。

※**どの国の上層部もわかってない**
どの国も上層部は特権階級的な立場の人たちに占められているので、庶民の生活とかけ離れていく。だから、こういう個性をかき消すようなことをしてしまうのだ。

【北部　ハノイ】

悪質タクシーのボッタクリ新手口を見た！

ベトナムに来ると、ボクはひたすら歩く。行動範囲が狭いので、そもそもタクシーに乗る必要もないのだが、歩きを優先する理由は、ぼったくられたくないからだ。

とにかくベトナムはタクシーの質が悪い。

日本から友人がハノイに来たときのこと。彼と食事をしてベトナム版フーターズ「**ブブゼラ**」※に行くことになった。ここから「ブブゼラ」までは徒歩20分強。ボクなら歩く距離だが、さすがに友人に遠慮をしてタクシーを拾った。

道順は頭に入っている。しばらく道なりにまっすぐ行って左折。それで「ブブゼラ」に着くはずなのだが、このタクシー、いきなり右折した。左折するならまだ分かる。どこかで右折をすればまだ着かないこともない。しかし最初に右折してしまったら、確実にたどり着けない。

運転手があまりに堂々と右折するので言葉を失っていると、再び右折し、さらにもう一度

※ブブゼラ
セクシーな衣装の女性店員がウリのパブレストラン。ベトナム版「フーターズ」みたいな。ハノイとホーチミンに数軒ずつ支店がある。
【営業時間】10時30分～23時30分
【HP】http://bit.ly/2liWX4l

ブブゼラの衣装

右折をした。つまり、ぐるっと回って最初のところに戻ってきたのだ。ボクたちを煙に巻くつもりならば、もう少し巧妙にやればいいのに。そもそも、この程度の回り道ではメーターはせいぜい数千ドンしか上がらない。※**ターボメーター**だとしても、1万ドンくらいか。こういう無意味なぼったくりが、ボクは大嫌いだ。金額が少ない分、こっちもどう怒っていいかわからない。

しばらくして、タクシーは目的の「ブブゼラ」の前に停まった。料金は通常1万ドンちょっとのところが、※**運転手の要求は3万ドン**。日本円で200円もしないくらい。微妙である。とはいえ、これも立派なぼったくり。ちょっとアルコールが入っていたし、みみっちくてイラっとしたので、一応盛大に英語でぶちキレてみた。相手は英語ができなから意味ないんだけど……。

そんな世界トップクラスにひどいベトナムのタクシー。ハノイ在住の知人に聞いたところ、おもしろいボッタクリもあるらしい。

「ターボメーターなんて当たり前で、オレが知り合いから聞いたのは、ウィンカーを出すたびにメーターが上がるバージョンもあったって」

そんなのに遭遇したら、笑ってしまうじゃないか。逆に見てみたいな、と思っていたら、実際に遭遇してしまった。若干、知人の話とは違っていたけれども。

※**ターボメーター**
不正改造を施された料金メーターのタイでの呼び名。正規のものに比べると、とてつもない速さで料金が上がっていく。とくに個人タクシーに多いので、キチンとしたタクシー会社の車を利用した方がよい。

※**運転手の要求は3万ドン**
だったらいちいち時間をかけず、「早く着いたからチップもらえないか」と言ってくれたら5万ドンだって出したかもしれないのに……。

●雨の日限定？　驚きのボッタクリの手口とは？

ある日の取材帰り、ハノイの街中で夜になって雨に降られてしまった。

タクシー嫌いのボクもさすがに雨中を歩くわけにはいかない。ここからホテルまでの距離を考えると、5万ドンくらいだろうか。しかし、時刻は帰宅ラッシュの19時前後。人の動きが激しいため、「メイリン」などの優良タクシー会社の空車はほぼゼロ。そもそも※**タクシー自体がまったく捕まらない**。

20分ぐらい雨に濡れて待っていたら、ようやく※**中型タクシー**が停まってくれた。1人なので本当は小型車で十分だったが、ないものは仕方がない。中型に乗り込んだ。

行き先を伝えると、運転手はアクセルを踏み込んだ。この運転手がヘンな男だった。

東南アジアでよく見かけるのが、とにかく運転の下手なタクシードライバー。

ベトナムではエアポートタクシーでも油断は禁物

※タクシー自体がまったく捕まらない
優良会社はガイドブックには3社くらいしか紹介されていないが、ベトナム人の間では優良タクシーは5社くらいはあるらしい。しかし、雨が降るとそうも言ってられなくて、どんなタクシーでも来たら乗ってしまうようだ。

※中型タクシー
ベトナムのタクシーには大きく分けてバンのような大型車、セダンの中型車、軽のような小型車（ほとんどが中国車）の3種類があり、大きさによって料金が違う。

街中には本当に認可を受けたかすらわからないようなタクシーも多い

アクセルを思いっきり踏むか放すかのオンオフ・デジタル対応の運転手とか、車幅間隔がメチャクチャなヤツとか、ミラーを一切見ないヤツなど、運転免許制度の欠陥のような輩が溢れている。その中にはなんの苦行か、雨が降ってもワイパーをできるだけ使わない者もいる。洗車をしていないからガラスが油やゴミまみれなので、ワイパーをかけるとかえって視界がぼやけてしまうのだ。それを嫌ってのことなのかもしれないが、※**ハノイでも街灯が暗い**ため、夜はより視界が悪く危険だ。

　このタクシーの運転手もワイパー否定主義者らしく、使用はあくまで最小限。しばらく水が溜まってからワイパーを使う。右手でワイパーのスイッチを押し上げて、ガッとワイパーが水をひとかきしたら直ちに止めてまたしばらく走るのである。水滴が溜まったらワイパーでガッ。また水が溜まったら、ワイパーでガッ。

※ハノイでも街灯が暗い
首都とは言え、街灯がオレンジ色だったり、そもそもなかったりで日本と比較すると暗い。ホーチミンの1区はわりと明るいが、それでもやっぱりやや暗め。ベトナムで一番高いところにあるというダナンのルーフトップバーからの夜景なんかひどいものだった。左の写真はわりと明るい方向を撮ったのだが、このレベル。

さびしい夜景

なんで掛けっぱなしにしないのかね……。そう思い、運転手のハゲかけた後頭部を憐れみの目で眺めていたら、ふとあることに気がついた。ワイパーがガッと上がると、料金メーターの数字もプッと上がっていることに。

最初はタイミングが偶然合っただけかと思った。だが、男がワイパーをガッと動かすと、寸分たがわぬタイミングでメーターの料金が上がる。おいおい、ウィンカーだけじゃねえのかよ、ボッタクリ不正メーターさんよ！

しかし、これはなかなか巧妙ではないか。ベトナムはウィンカーを出さないドライバーが多いので、運転手に使わせないという手もある。だが、ワイパーとなるとそうはいかない。具体的な仕組みはよく分からないが、おそらくワイパーのスイッチがメーターと連動しており、スイッチを入れると料金が上がる設定なのだろう。ワイパーをかけっぱなしにすると一度しかボッタくれないので、コイツは付けたり消したりを繰り返しているのだ。なんとまあ、涙ぐましい努力。っていうか、※**どんな改造技術を持っているんだよ**、オマエら。

結局そのままどんな仕組みなのかを考えていたら、目的地に着いてしまい、しかも、そのことで頭がいっぱいになって普通に※**メーター通りの料金を払ってしまった**。

しかし、気になるのは晴れの日だ。ワイパーを使えないとなったら、コイツはどうやって料金をごまかすのか。まあ、そこはハノイ、きっとこちらが呆れるようなセコい手を使って、ボッタくってくるに違いない。だからボクはベトナムのタクシーが嫌いなのだ。

※**どんな改造技術を持っているんだよ**
戦争が終わって、経済的に厳しかった時代は壊れても直して使うということを繰り返してきたので、こういった自前の改造テクニックが異様に高くなったのではないかと推測する。

※**メーター通りの料金を払ってしまった**
そのときの表示は8・5万ドンで、釣りがないというので9万ドンを渡した。推定5万ドンだったので、約2倍。でも、5万ドンって240円くらい。セコい！

【北部　ハノイ】路上の名優、笛吹きの男の熱演に酔う

靴磨きがやたらに多いハノイ。なにが頭に来るっていきなりわっと話しかけてくるから思わずビックリしてしまうことだ。だいたいね、革靴を履いているならともかく、こっちはスニーカーですよ。磨くわけないんだから、話しかけんなと言いたい。

まあ、とはいえ、彼らも仕事でやっているのだ。そうやって声をかけないと客は捕まえられないわけで、理解できる面もある。

その一方で、ボクがどうにも受け入れられないのが、物乞いという存在だ。

ボクは働きもせずに、恵んでくれというだけの輩は好きではない。何かを売ったり、歌ったりするならまだしも、ただ施しを受けるというのはいかがなものか。

ベトナムはどこに行ってもこういった物乞いがたくさんいる。

ある日、友人とヤキトリの「**ビンミン**※」で待ち合わせたときのことだ。ちょっと早く着いてしまったので、近くの交差点で友人が来るのを待っていた。すると、店からは見えない方

※ビンミン
ハノイで人気のヤキトリ店。東京・高円寺にも支店がある。
【店名】Binh Minh
【住所】5 Ly Van Phuc, Cat Linh, Dong Da, Ha Noi
【営業時間】16時～24時
【東京店の情報】http://binhminh-tokyo.com/

向から**中年のおっさん**※が歩いてきた。小汚い格好でズンズン歩いてきて、ボクの近くで一度立ち止まる。そしてぼろぼろの袋からなにかを取り出した。白い縦笛だった。いわゆるリコーダーというやつだ。考えてみれば小学校卒業以来目にしたことすらない。

リコーダーのおっさんはこの通りにさっそうと現れた

　リコーダーを手にしたおっさんは素早くボクの目の前に来て、50センチも離れていないところに立つ。身長は160センチあるかないか。ボクが少し見下ろす感じなのだが、あまりにも堂々とした出で立ちにボクはたじろぐ。

　おっさんはキッとボクの顔を見つめながら白いリコーダーを鼻に当て、一曲吹き始めた。クネクネと身体を揺らせ、踊っているようだ。ボクがコブラなら思わず壺から顔を出しそうなスピード感があった。**威圧的なおっさんの勢い**※にボクはただただ見ているだけしかできない。

　当然そのおっさんは金を要求していたのだろうが、ツッコミどころが多すぎるのと、急な展

ビンミン

※中年のおっさん
見た感じでは50代ではあるが、案外、ボクと歳が近いかもしれない。服装もものすごく汚いわけではなく、水色のワイシャツを着ていた。ただ下に目をやるとよれたハーフパンツにサンダルという、決して裕福ではない雰囲気を醸していた。

※威圧的なおっさんの勢い
こういうスピード感はある意味では見習うべきで、仕事に役立てることができるのではないか。

ビンミンはメニューに日本語もあって注文しやすい

開にボクはまったく追いつけずにただ呆然。金を出してやるとかそういったことに一切頭が回らなかった。竜巻が目の前を通り過ぎていったかのようだ。

　なにもしてくれないボクに※**おっさんは捨て台詞のようなものを吐く**。この時点ではまだビンミンの座席からおっさんは見えていない。おっさんはぶつくさ言いながら、再び袋からなにかを取り出した。ナイフだったとしても、ボクは抵抗せずに刺されていたかもしれない。それくらいボクはただ見ているだけ。

　おっさんが取り出したのは、ボール紙のような板にひもが通してあるものだった。表面には英語でなにか書いてある。どうせ困っている事情が書かれ、※**金を出してくれって内容だろう**。

　おっさんはそれを首から提げた。

　ここからがおっさんの本業タイムだ。おっさんはその角を曲がるそのときから足を引きず

※**おっさんは捨て台詞のようなものを吐く**
こういう理不尽な怒られ方は東南アジアでは往々にして起こる。

※**金を出してくれって内容だろう**
読んだわけではないが、間違いない。これも東南アジアではあるあるネタだ。

り、身体が不自由な人間を演じ始めた。あれだけ勢いよく歩いてきたのに、辻を曲がるときからは障害者だ。ボクはベテラン俳優を舞台袖から見送る新米スタッフのような気分で見守る。すごいよ、アンタ。すごい。※**ボクは感動さえしていた**と思う。

誰も見ていない舞台袖からおっさんの熱演は続く。ゆっくりゆっくりと、おっさんはおっさんのステージの中央へと歩んでいく。そうしてビンミンのテーブルの、白人だけのグループにアプローチする。

……ものすごい怒鳴られていた。

全然だめじゃん。犬猫が追い払われるようにしっしっと追われていく。

しかし、おっさんもプロだ。

そんなことに一切怯むことなく、次のテーブルへと向かう。そしてまた怒られる。

この人は1年間でいったいどれだけの人々に煙たがられるのだろうか。一瞬、密着取材をしてみたくなったが、ボクはすぐさまそのことを頭から追い出し、再び※**友人が来るはずの方角**を眺めながらひたすら待っていたのだった。

※**ボクは感動さえしていた** 物乞いネタは東南アジアには掃いて捨てるほどあって、身体が不自由なふりをするのも常套手段。しかし、実際にその瞬間を目の当たりにしたのは初めてだった。

※**友人が来るはずの方角** ビンミンの近くには「ハンダイ・スタジアム」があり、サッカーなどが開催される。ベトナムにもプロサッカーリーグがある。日本人選手は少ないようだが。

ハンダイ・スタジアム

【南部　ホーチミン】
ウザすぎるバイタクはどこにいった？

ホーチミンのバイクタクシーの運転手はこの世で最もしつこい人種だという印象があったが、近代化してきた中でその気質も変わりつつあるようだ。

以前はとにかくしつこかった。乗らないと言っても延々とついてくるし、誰もが**日本人からの感謝のメモ**※、あるいは手紙を手帳に丁寧に残して持参していた。みんな持っているので、そういうショップがあって売っているのではないかと疑いたくなる。ボクなんかは字が汚いので、極力人前では手書きを見せたくない。きっとそういう人も少なくないと思う。ところが、その手帳にある日本人の字はみんなきれい。だからなんだっていうわけではないが、そういう業者がいてグッズとして販売しているのではないかと。

ところが、観光客が増えた今、バイタクの運ちゃんたちはそんなにしつこくなくなってきた。以前は暇だったからというのもあるのかもしれない。現在はほかにたくさんの客がいるのだからとすぐに諦める。来たら来たで面倒くさいのだが、来ないなら来ないで寂しい気も

※**日本人からの感謝のメモ**　誰が広めたのか、東南アジアやインドにおける定番の詐欺グッズ。多くは「この人に助けられた」「信頼できる人」といったポジティブな表現が多いが、ときには「話を聞いてはダメ」「悪いヤツだから相手にするな」といった本音の書き込みをドヤ顔で見せてくることも。日本語が読めないからわからないんだね。

する。おじさんのないものねだりが始まってしまうのだ。

とにかくブイビエン周辺や「**統一会堂**※」、ドンコイ通り辺りは特にしつこいのが多かったが、2017年9月の滞在中はほとんど見なかった。どうしちゃったの？ というくらいに声をかけられない。むしろ**ハノイの方が声をかけてくるバイタクが増えた**※くらいだ。

だが、ある日、ついにそのときがやってきた。ブイビエンをファングラオのバスターミナルへと向かって歩いているときだった。ジジイのバイタク運転手に日本語と英語で話しかけられた。断るとすぐにジジイは立ち去った……かと思いきや、前方にバイクを停めて徒歩で向かってきた。手には手帳らしきものが！ 来た来た来た！ この段階ではボクは断ったくせに異様なまでにウェルカム状態。

「俺には日本人の友だちがたくさんいるんだ」

そんなことをジジイは言う。いつも思うのだ

ベトナムではバイクが主役。歩道も堂々と走り抜ける

※統一会堂

1873年に完成した、ホーチミンにある歴史的建造物。ベトナム戦争のころは南ベトナム大統領府として使用され、ここに戦車が突入して戦争が終結した。現在は当時の器材などを展示した博物館になっている。

統一会堂

※ハノイの方が声をかけてくるバイタクが増えた

といっても、相変わらずしつこさがなく、声はかけてくるものの、こちらの断りの声を聞く前にあきらめていなくなることもしばしば。

『東南アジア　裏の歩き方』のバイタク運転手に再会！　元気そうでよかった

が、日本人の友だちがたくさんいるとイコールあんたはいい人なの？　ということだ。

ときどき**芸能人の誰々を知っている**※とか、東南アジアだと警察や軍の高官を知っているという輩がいるが、仮に知り合いだとしてもそれはアンタのステータスではない。

本人にはなにもないから交友関係でしか自分を誇示できないのだなあと、ボクなんかは生暖かい目で見てしまう。

●某大手旅行代理店の確率が高いのはなぜ？

さて、懐かしのマイフレンド手帳。今回はいったいどんな内容が？　時代の変化と共に進化したストーリーが？　と思ったら、ビックリするぐらい**変わり映えのしない中身**※。

例えば、金もパスポートも全部なくしたけど、このナントカさんが助けてくれた、とか。まあ、助けてくれたのはよしにしても、ホーチミンですべてを失うヤツってなんなんだ？

※**芸能人の誰々を知っている**　本当ならば多少は驚き、感心をするが、この手の話は十中八九がウソ。芸能人もこんなヤツらに名前を出されていい迷惑。有名であるというのもなかなかツライものがある。現地で会う中高年の怪しい日本人もこの手のことを言い出す輩が多い。

※**変わり映えのしない中身**　いい意味でも悪い意味でもベトナムそのものが変わり映えしないのだから、手帳の中身が変わるわけがない。

むしろ**そんな危機管理能力ゼロの輩の言葉を信じる気にはならない**※。

それから、『東南アジア　裏の歩き方』でも書いたのだが、今回も名刺付で日本の大手旅行社J○Bの書き込みがあった。支社がどこかは失念。前回は添乗員で来たのにホテル予約がされていなくて、そのときにバイタクに助けてもらったという内容。今回のはプライベートで来て、トラブルに遭ったけど助けてもらったという内容。違いはあれど、大手旅行会社の社員がこのレベルか？　やっぱり名刺は偽造されたもので、このノート自体がどこかでグッズとして販売されているのではないか。

その証拠を探すためにノートをしつこく読んでいたら取り上げられて、ジジイはどこかにいってしまった。**やっぱりホーチミンのバイタクはしつこくなくなった**※。

後日、ブイビエンで別のバイタクのおっちゃんに声をかけられた。見覚えがあるので記憶をたどってみたら、なんと『東南アジア　裏の歩き方』で写真まで掲載した人だった。そのときは統一会堂で声をかけてきた。思わず、あんたのこと見たことがあると言ったら、いつぐらいかと訊いてくる。2011年くらいかな、と言うと、

「ライターの日本人だっけ？」

憶えているんかいっ！　当然、乗りもせず適当に話して終了。怖いな、その無駄な記憶力。その能力をほかに活かせてればよかったのにねえ。

※**そんな危機管理能力ゼロの輩の言葉を信じる気にはならない**　こんなにも説得力のない言葉はない気がする。ただ、ベトナム滞在中は誰もが高揚感に包まれベトナム・マジックにかかっている。そんなときに読むとつい感心してしまう。ここは注意したいところだ。

※**やっぱりホーチミンのバイタクはしつこくなくなった**　今書いてて思ったが、この点においては怪しいのはバイタクではなく、ボクの方だったのかもしれない。1ページ1ページじっくり読んでいたので、そりゃあ途中で取り上げられるわ。

【南部　ホーチミン】

バスで体感、生粋のベトナム人劇場

ボクは酔っ払うととにかく気が大きくなってしまい、じゃんじゃん金を使ってしまう。過去には最初の子供の出産費用として貯めていた日本円を※**上海の新天地**で一晩で使い切ったこともある。金の使い方が下手などころか、※**人としてほぼ最低の部類**だと常々思う。

そんな性格でありながら、ボッタクリに遭うことが自分でも異常だと思うくらい嫌いだ。たった数円でも損をしたとわかったら、その後の数年間はそのことをネチネチと根に持ち続けてしまう。

215ページで触れたが、ベトナムのタクシーはとにかくボッタクリが多い。だからボクは極力タクシーは利用せず、歩いて1時間くらいの距離だったら徒歩を選択していた。

しかし、どうしても歩いていけない距離の場所だってある。

そこで目を付けたのが〝ローカル路線バス〟だ。

ベトナムでも大きな都市になると路線バスはたいてい通っている。ただ、そもそも地名が

※**上海の新天地**
上海に2000年に開発されたスポットで、夜はバーなどで賑わう。ひとりで行ってみたそこは、パブ・レストランなのにホステスが横につく店だった。

※**人としてほぼ最低の部類**
それでも開き直って「江戸っ子だから宵越しの金は持たねえんだ」なんて言ってみる。実際には東京生まれとしては2代目なので、江戸っ子ではない。

わからないと使いにくいので、敬遠していた。だが運賃は明確だし、安いので使い方がわかると節約になる。

路線バスは番号や終点が表示されるものの、結局地名がわからないと使えない

交通手段としてのベトナムの路線バスに注目するきっかけになったのが、２０１６年頃からハノイやホーチミンで運行が始まった**エアポートバス**※だ。これが、すこぶる便利なのである。エアポートバスはＷｉ‐Ｆｉが使える。しかも安い。

ハノイにはそれまでのベトナム航空やベトジェットが運営するエアポートバスがあったが、新しいエアポートバスの運賃はほぼ半額の3万ドン。空港からの交通手段がボッタクリタクシーしかなかったホーチミンも、エアポートバスの出現でたった2万ドンでブイビエン辺りまで行けるようになった。

それらのエアポートバスを利用するうちに、ベトナムのバスに対する考えを改め、ローカル

ハノイのエアポートバス

※エアポートバス
ハノイとホーチミンの両方にある。ハノイから旧市街を通って国鉄ハノイ駅まで行く86番は国際線ターミナルの左手に乗り場がある。旧市街まで早ければ40分、渋滞で1時間ほどかかる。ハノイ大教会側の旧市街なら「メリア・ハノイ・ホテル」前下車。ホーチミンは１０９番。「ファングラオ通り」で降りればブイビエンはすぐ。所要時間は渋滞していても30分くらい。共に朝6時ごろから23時ごろの間で運行されている。

路線バスをホーチミンで初めて使ってみようと思ったとき、幸いにも、この本の取材の段階では※**ローカルバスのバスターミナルはファングラオ公園の端にあった**。すべてのバスが始発だから、使いやすい。

最初、7区の韓国置屋街を取材するのに使ってみた。そのときにふいに思い出したのが、まだ若かったころの旅の気持ちだ。1998年に初めての海外旅行でタイに来たとき、安宿街のカオサン通りでバスマップを買って路線バスに乗った。不安な思いを抱えつつも、目的地に着いたときの小さな達成感。そんなノスタルジックな感覚に再会できたのだ。

●眼の前で繰り広げられるリアル・ドラマ

ファングラオのバスターミナルには様々な路線のバスが待機している。バス乗り場にはルート案内があるが、ターミナルのインフォメーションに居座る※**おばさんに聞けば教えてもらえる**。

このおばさん、あたかもそれが業務のひとつでもあるかのように常に怒っている。恐る恐るスマホに表示したグーグルマップを指さして「7区に行きたい」と伝えてみる。おばさんは英語はできないものの、「ちょっと待て」というようなことを言って、何台目かのバスが来ると「これだ」と教えてくれる。※**怒っている風ではあるが、親切でもある**。

そのバスに乗り込む。本当につくのだろうか。車窓の風景を不安気に見つめていると、し

※**ローカルバスのバスターミナルはファングラオ公園の端にあった**
元々はベンタイン市場の近くにあったが、地下鉄工事の関係でファングラオに仮ターミナルとして移動したという話を聞いた。

※**おばさんに聞けば教えてもらえる**
路線の途中だとこうはいかないが、始発だとわかりやすいというのはある。ベトナムはアルファベットに似た文字列なので、ガイドブックとバスの表示を比べれば聞かなくても行こうと思えば行けなくもない。

※**怒っている風ではあるが、親切でもある**
ベトナムには「愛想」という言葉はないのだろうか。特にタイ在住の身だと、知らない人にも笑顔で対応するのが当たり前なので面食らってしまうときがある。

ばらくして、車掌が「ここだ」と降りる場所を教えてくれた。この一連の行動がなんだか楽しくなって、それからことあるごとに乗るようになった。

路線バスの中。ベトナム人のリアルな生活が垣間見える、貴重な空間だ

※**ローカルな路線バス**がおもしろいのは、なんと言ってもローカル臭が半端ないことだ。車内でベトナム人のリアルなドラマを目撃することができるのだ。

あるときは病院を経由するバスに乗った。すると、血がにじんだ包帯を巻いた人や、咳が止まらない人が乗り込んでくる。全然治っている感じがしないのはなかなかすごいじゃないか。

物売りが乗り込んできた路線もあった。歯ブラシや爪切り、ピン留めなどを売り始める。ベトナム語なので何を言っているのかわからないけれど、その製品がいかに優れているか力説しているのはわかるし、わからないながらも引き込まれる話術に感心させられた。実際、買っている人も何人もいた。

※ローカルな路線バス
中部ダナンからホイアンに行くときに乗ったローカルバスでは漁村の女性たちがダナンの市場で魚を売った帰りといった感じで乗り込んできた。魚を入れていたであろうカゴなどが臭い。さらに、自転車と共に乗ってきた人もいた。いや、漕いで行けよ。そういえば、ベトナムのバスにはバイク用ヘルメットを被って乗ってくる人も多かった。実用的な帽子なんだろうな。

ホイアンのバス

郊外の市場前を通ったこともある。すでに商いの時間は終わっていて人影はまばらだったが市場はものすごく巨大で、敷地の端っこを歩いている人がほぼ米粒大に見えるほどだった。

こういった、徒歩では見ることのできない世界が見えるのもローカルバスの魅力だ。しかも※**せいぜい1万ドンもしない値段**で安い。たまたま通った学校の前では、いつも拝めなかった白アオザイもバスから見られた。こんなところにこういったレストランがあるのか、というのも知ることができる。

チョロンに向かったときは座席がいっぱいで立って乗った。このバスは車掌がおらず、運転席横のボックスに客が運賃を投入する仕組みだった。釣銭はない。

この運転手はおしゃべりで、ハンドルを握りながら何事かを喚く。※**それを聞いて爆笑する乗客たち**。すごい光景だ。ただ、しゃべり同様に運転も荒い。子どもやお年寄りなら立っていられないほどの運転だった。そんな乱暴運転手でも、チョロンのバスターミナルに着いたらボクに振り返って、片言の英語でこう言う。

「元の場所に帰るならここに戻ってこい。そして1番に乗るんだ。いいな、1番だぞ」

こういった優しさが感じられるのもまたローカル路線バスの魅力だ。そのときは、※**言いつけを守らず違うバスにわざと乗った**ために、予想外の場所に向かってしまい、結局、暗い道をブイビエンまで歩いて戻るハメになったのだけれども。

※せいぜい1万ドンもしない値段
実質的に5000～7000ドンが多かった。ただ、千ドン札などの小額紙幣が溜まってしまい、のちのち日本円などに両替しにくくなるというデメリットも伴う。

※それを聞いて爆笑する乗客たち
絶対こんな光景、日本にはないでしょう？　こんなことばかりだからベトナムはおもしろいのだ。日本もこれくらいおおらかに、適当になったらもっと楽しいのに！

※言いつけを守らず違うバスにわざと乗った
個人的な悪い癖で、人になにか言われると急激に逆らいたくなる。だからというわけではないが、カーナビも苦手で、右に曲がれと言われると意地でも曲がりたくなくなり、結果迷うことが多い。

【中部　ダナン】

男にはツライ!? ベトナムの結婚写真事情

ダナンには国内外からサーファーがたくさんやってくるという。南シナ海のうねりが押し寄せるので、条件が揃うといい波が来るのだとか。

そもそも泳ぎもしないボクなので海にはあまり興味がなかったが、さすがになにも見ないで帰ってくるのはいけないと、※**ブラブラと散歩がてらビーチ近辺を散策**してきた。さすが海の街で、ビーチ周辺にはホテルなのかマンションなのか、大きな建物が並んでおり、海の家のような飲食スペースも充実している。

国鉄ダナン駅近辺の※**市街中心を貫くレズアン通り**を抜け、ファンヴァンドン通りを突き当たりまで来ればちょうどビーチになる。そこは「ビエンドン公園」として整備されており、ステージがあって、夜にはコンサートも開催される。公園から眺める海。大海を目の前にしているので水質は意外とキレイだった。

公園では新婚カップルがウェディングドレスとタキシードに身を包み、記念撮影を行って

※**ブラブラと散歩がてらビーチ近辺を散策**
海もある、街もそこそこ都会、食事はおいしく安い。ダナン、結構いい街。もう少しこのエリアのことに詳しくなったら、たぶんハノイ好きを改め、ダナン好きになるかもしれない。

※**市街中心を貫くレズアン通り**
この辺りがダナン的には原宿的なエリアのようで、服屋などがたくさん並んでいた。

ビーチでの結婚写真の撮影。新郎新婦は２人だけの世界に浸っているが…

いた。それも1組ではなく、ボクが見かけたタイミングだけでも5組が撮影していた。東南アジアでよく見かける、元々は台湾かどこかのビジネスを真似たもので、※**自己愛の強い東南アジアの女性**に受けているサービスだ。

　今回泊まった宿のそばにはウェディングドレスショップがあって、その辺のカフェくらい※**若い女性で混雑**していた。ウェディングドレスのショップらしき店があんなにも大盛況になるというのを初めて見たが、男性の姿はほとんどない。女性だけで勝手に決めているようだった。

　でも、そうでしょうねえ。男がいたら意見されて進む話も進まない。ボクだったらこんな記念撮影は絶対したくない。だって、色々な恥ずかしいポーズをさせられる。たとえば寝っ転がって、頬杖をついて2人で微笑み合う……、こんなのどう考えても気持ち悪い。しかも、ちょっと化粧なんかさせられて、※**ヤバいオカマが笑っているような仕上り**になる。

※自己愛の強い東南アジアの女性
失礼な話、客観的には美しくなくても、自分は最高であると信じている人が多い。自分自身の存在を肯定的に受け止めているので、だからみんなすごく生き生きとしているのではないか。

※若い女性で混雑
ダナンに滞在したのは12月だったが、ベトナムでは涼しい季節が結婚式シーズンになっているようだ。

しかも、衆人環視の中での撮影になる。このときもたくさんのギャラリーがいたし、みんな勝手に撮影しているし。まあ、ボクもそのひとりだけども……。

引きで撮るとこんな感じ。こんな大勢に見られての撮影はボクならできない

カメラマンはカップルの数だけいるが、助手はさらに多い。

アシスタントたちが各々の被写体の周りにエサを撒き、鳩を集める。そして、それを追い払う。バタバタと羽ばたいていくシーンを背景に撮ることが目的でありベストなのだろうが、**な※かなか思い通りにはいかない**。被写体の前を通る鳩もいるし、思ったほど集まらない。そもそも5組が好き勝手に集めては追い払うので、徐々に鳩の出席率も下がってくる。そうなると時間だけがかかる。そして、見世物になるという時間が延長されていく。

ボクだったら絶対にやりたくないが、ベトナムの女性は気が強いからなあ。新郎たちも断るに断れないのが真相なんだろう。

※ヤバいオカマが笑っているような仕上がり
東南アジアだと女性がそれを変だと思わないから、結婚後は高確率で自宅に飾られてしまう。来客があった日には、客も迷惑。気持ち悪いとも言えないし、いいねと言えばウソになる。

※なかなか思い通りにはいかない
毎日やっているんだろうから、助手ももっとうまくなれよ、と思った。だが、こういう手際の悪さがまたベトナムのよさでもある。

【中部　ダナン】
せっかくのいい人も喧噪には勝てない

バイクも車も、あれだけクラクションを多用するのであれば、むしろボタンを押したときに音が止まるような仕組みにしたらいいのにと思う。それくらいけたたましく走っている。

フエで見かけたバス※は、ウィンカーを出すと「右に曲がります」だの「左に曲がります」といった音声が出た。しかも日本語だ。バックします、が「ガッツ石松」に聞こえるあれだ。これを装備する大型車は結構見かけるのだが、フエのそれは右にウィンカーをつけると「左に曲がります」と言う。もちろん左なら右に曲がるとのたまう。どうせ英語も通じないエリア。日本語なんかもっと通じないのでそんなことを気にする必要はないが、なんかすっきりしない。

そもそも通じないどころか、誰も聞いてもいない。あれだけクラクションを鳴らされまくれば耳と身体が慣れてしまい、音をスルーしてしまう。外国人でさえもわずか数日でクラクションに慣れてくるほどだ。それなりに大きな音なので、彼らの耳に届かないわけではない。

※**フエで見かけたバス**
ベトナムで走るバスは99％は韓国のバスではないだろうか。日本車は高級車の部類に入るのか、あまり見かけない気がする。右側通行なのもあって、韓国車の方がしっくりくるのかもしれない。

耳には届いていても、慣れすぎて脳が認識しないのではないだろうか。

また、ベトナムは騒々しいというだけではない。外国人を狙った犯罪者はいつだって我々の周囲をウロウロしている。スリや詐欺師、外国人観光客をカモろうというバイクタクシーやタクシーの悪質な連中。彼らが1日に何度も我々に接触してきてうんざりする。

ただ、必ずしも悪い奴らばかりが我々の周囲にいるわけでもない。

むしろ**ほとんどのベトナム人は善良**※で、日本人に純粋に興味を持ってくれている。タイ南部やマレーシアの一部には**日本人ヘイトの人**※がいるのだが、ベトナムではあまり聞いたことがない。歴史的には日本ともいろいろあったので思うところはあるのだろうが、過去は過去と水に流すのもまたベトナム人気質（と勝手にボクは思っているが）。だから、大半が少なくとも日本人に対しては友好的だ。

ホーチミンで会った宴会中の方々。カメラを向けるとにっこり笑ってくれる

※**ほとんどのベトナム人は善良**
こう言っては悪いが、顔つきの悪いベトナム人は大体悪い奴だったりする。第一印象で問題ない人は概ね問題がないことが多い。あくまでもそんな傾向があるという話だが。

※**日本人ヘイトの人**
やはり太平洋戦争の影響が大きい。タイの華人はタイ政府の同化政策で身も心もタイ人になっているが、マレーシアの華人の中には、中国語を使うなど中国人としてのアイデンティティを保っている人もいる。タイ南部もマレー系住民が多いこともあって、この辺りは戦争のときのイメージからいまだ反日的な感情を持つのだ。

でも人間、どうしても悪い印象の方が強く残ってしまう。だから、滞在中に遭った嫌なことを思い出してしまい、知らないベトナム人に強い警戒心を持ってしまう。

ダナン市内を歩いていたときのことだ。**韓国人の若い女の子**※がふたり、ボクの真向かいから歩いてきた。なにかを探しているようだ。店なのか観光スポットなのか。そのうちひとりがスマートフォンをポケットから取り出した。その辺りでボクと彼女たちはすれ違う。

ボクは特に気に留めずに進んでいたら、今度はそこにいた上半身裸のベトナム人の青年が女性たちに声をかけた。ヘイヘイ、とかなり大きな声。ほかにも若い奴らが何人かいたが、彼らはそこにあったバイク修理店の従業員のようだった。

どうやら韓国女性がスマホを出したとき、ポケットの中から現金を落としたようだ。彼らはそれにいち早く気がつき、呼び止めて教えてあげようとしているのだった。ギスギスした都会でこんなに普通のことを普通にできる人がいるだろうか。

ボクは心温まるストーリーの顛末を見届けるつもりでみつめた。

青年は現金を拾い上げると、大きな声で呼びかけながら小走りで彼女たちを追った。どんなお礼の仕方を韓国人はするのだろう。そう思って微笑ましく眺めていたら、なんと彼女たちは**すごい勢いで走り出した**※のだった。なにも逃げなくてもいいのに……。

この金どうすんだよ、という顔で戻ってきた青年は虚しく笑っていた。ビールでも買って飲んじゃえばいいんじゃない。どうせ彼女たちは二度と戻ってこないんだろうし。

※**韓国人の若い女の子**
韓国でもベトナムは人気の渡航先。２０１７年の統計では年間の訪問者が２００万人に迫る勢いで、タイやフィリピンを抜いて東南アジアで一番の旅行先になったという。

※**すごい勢いで走り出した**
彼女たちは滞在中に一体どんな嫌な目に遭ったのだろうか。そこまで警戒して過ごしていたら、逆に疲れるような。ただ、女性という立場もあって、上半身裸の男にビビったのかもしれないが。

【第五章】

旅のお役立ち情報

詳しい地図はこちら！

http://bit.ly/2lg5ghT

【ベトナム全土】
両替は空港でするのが一番お得!?

一般的に東南アジア各国で両替をする場合、空港よりも市中の両替所の方がレートが有利なことが多い。同じ銀行でも、**空港は手数料が高い**※ことがある。そのため、旅行者の間ではまずは少額だけ空港で両替し、あとは市中で行うというのが半ば常識になっている。

では、ベトナムはどうなのか。

よくよく調べてみると、空港も市中もレートが変わらないことがわかった。これはあくまでボクが調べたものであり、調査した当日のレートに限るということをご承知のうえ、参考にしていただきたい。

●ハノイの両替レートを比較

まずはハノイの空港と市中、そして市中の闇両替所のレートだ。

米ドルはともかく、日本円と**タイ・バーツ**※は空港の方がレートがいい。これは一般的な定

※**空港は手数料が高い**
例えばタイもそうなのだが、1万円2万円くらいだとせいぜい市内でタクシーに1回乗れるくらいの差でしかない。ただ、滞在中にぱっと使おうと思って10万円以上替えるなら市中の銀行の方がいい。

※**タイ・バーツ**
タイの通貨バーツは2018年5月で1バーツあたり3・4円くらい。ボクはタイで生活しているため、本書ではドンの価格を約何円とか書いているが、頭の中ではバーツに換算して物価価値を推し量っている。

2017年12月15日のレート

日本円（1円）		
空港の銀行	市中の銀行	闇両替所
200.18 VND	199.46 VND	202.00 VND

米ドル（1ドル）		
空港の銀行	市中の銀行	闇両替所
22,660 VND	22,660 VND	22,750 VND

タイ・バーツ（1バーツ）		
空港の銀行	市中の銀行	闇両替所
678 VND	671 VND	700 VND

説とは逆になる。それから、闇両替所が高いのはわかるにしても、例えば日本円では1円につき1・82ドンしか変わらない。つまり、1万円で1万8200ドンしか変わらず、コンビニならコーラ2本分にしかならないし、バーではビールが1杯飲めるか飲めないか。もし闇両替所が近くにあるならいいが、**タクシーに乗ることを考えたら**[※]まとまった金額を両替しない限りは空港の方がいいかもしれない。

今回見に行った闇両替所は「**ハンザ**[※]」の裏手、ハーチュン通りにある。表向きは宝石店なのかゴールドショップになっている。旧市街から徒歩圏内で、この辺りには何軒も闇両替所を兼ねた宝石店がある。店によって若干違うが、ほとんど似たようなレートを提示する。滞在時は「[※]**フントゥ**

※**タクシーに乗ることを考えたら**
これが結局のところ結論でもある。わざわざ交通費を出して行く価値があるのか。その点を考えて両替場所は考慮したい。ただ、上記の表を見る限りでは、ハノイは空港で替えてもよさそうである。

※**ハンザ**
デパートのような商業施設になった市場。ネットでは雑貨やバッチャン焼きならハンザに行こうといった内容が書かれているが、ボクが行った限りではほとんどの店舗が閉まっていた。

※**フントゥイ**
ハンザ側から入ると、奥の通りの出口近くの右側にある。知り合いが「この通りの闇両替がいい」とSNSで紹介していたのだが、写真を見たらここだったので、やっぱりいいレートだと思う。

2017年9月1日のレート

日本円（1円）		
空港の銀行 205.21 VND	市中の銀行 205.09 VND	闇両替所A 180.00 VND
闇両替所B 190.00 VND	闇両替所C 203.00 VND	闇両替所D 206.00 VND

タイバーツ（1バーツ）		
空港の銀行 657 VND	市中の銀行 684.15 VND	闇両替所A 580 VND
闇両替所B 550 VND	闇両替所C 620 VND	闇両替所D 686 VND

イ」という両替所がいつも一番いいレートを提示してくれていた。

●ホーチミンの両替レートを比較

一応、南部のホーチミンでも闇両替や空港のものを見てきたので比べてみよう。ただし、こちらは日本円とタイ・バーツを比較。闇両替といってもA~Cは旅行代理店を兼ねているところで、Dは※**宝石商兼闇両替所**だった。レートはすべて同日に調べたものだ。

やはりホーチミンでも同じ日のレートでは、※**日本円は空港の方が有利だった**。

タイ・バーツはハノイと違い、市中の銀行の方がよかった。一方で、

※宝石商兼闇両替所
「闇」という言い方が正しいかどうか。簡単には銀行という正規の両替所があり、そうでない両替所なので闇両替所と言っているだけで、本稿で紹介した闇両替所は犯罪臭のする変なところではない。

※日本円は空港の方が有利だった
いずれにしても日本からベトナムに行くときはドルに替える必要はなく、日本円を持って行けばいい。10年くらい前なら高額の買いものはドンよりドルだったが、今は基本的にはベトナムの通貨で買いものをするのが当たり前になっている。

銀行と闇両替の差が小さかった。日本円や米ドルは日々変動があるが、タイ・バーツは利用者が少ないので、レートがあまり変わらないことからこういった差が生じるのかもしれない。

いずれにせよ、ホーチミンは基本的には空港の両替所、あるいは市中の銀行窓口で両替をした方がいい。ホテルでも両替はできるがどこも軒並みレートはひどい。闇両替もなぜか銀行より悪い。

唯一よかったのが、闇両替D。ここはブイビエンの近くにある宝石商「**キムマイ**※」。適当に中に入っていけば**通貨を訊かれる**※のでレートを計算機で弾いてもらえばすぐにわかる。

ハノイの空港では経験はないが、ホーチミンの空港は夜遅く着くと両替所の行員の態度が酷くなる。手数料が必要だと言って、表示された通常のレートよりも悪いレートを吹っかけてくるのだ。通常のレートにだって、そもそも手数料が含まれているはず。日本語で「テスーリョー」などと言ってくるのだから、なおタチが悪い。明るい時間帯なら問題はないので、夜間到着便は少額にしておくことを勧める。とりあえず、ホーチミンはタクシーを含め、玄関が悪いね。だからボクはハノイの方が好きなのだ。

※**キムマイ**
【名称】Kim Mai
【住所】84C, Cong Quynh,P-ham Ngu Lao, Dist.1, HCMC
【営業時間】8時～20時

キムマイ

※**通貨を訊かれる**
特にレートの一覧がなく、訊くと計算機で数字を出してくれる。これに手持ちの通貨をかけると受け取れるドンがわかる。ホーチミンのキムマイは正規の銀行でも両替できなかったラオスの通貨も両替してくれた。

【ベトナム全土】便利なビザなし渡航、再入国規制に注意！

ラオカイはベトナム北部の町で、中国の雲南省紅河県にある**河口鎮**※と接している。普通には河口と呼ばれ、国境ゲートもあって、陸路でアジアを旅する場合、ルートによってはここを経由することもある。河口の最寄り駅はハノイ駅と言われるくらい、ハノイからも近い。河口には女遊びができるスポットもあるので、小旅行のつもりでハノイから訪れる読者もいるかもしれない。だが、陸路で移動するときには、ベトナムのビザに関してちょっと注意しておきたいことがある。

日本人はビザなしでベトナムに入国できるが、滞在は15日間まで。観光ビザなら各国のベトナム大使館に行けば簡単に取得できるし、2017年2月からはオンラインビザがネット経由で申請できるようにもなった。もっとも、ベトナム全土を周るならともかく、都市や地方をコンパクトに訪れる程度ならばビザなし滞在で十分。**ビザ代は旅費に回した方がいい**※。

さて、ベトナムのビザで注意したいポイントは、ノービザの場合、最後の出国から30日間

※河口鎮（かこうちん）
中国側には格安の置屋などがあって、夜遊び好きには見所が多いのだとか。中国の端っことはいえ結構発展した町で、観光をするにも悪くない。ハノイから寝台列車は約40万ドン（約1920円）。

※ビザ代は旅費に回した方がいい
観光ビザはマルチを東京のベトナム大使館で申請すると1万4500円するようだ。300万ドン超なので、ベトナムではいろいろなことができる金額になる。

は再入国できないということだ。つまり、ラオカイやベトナム各地にある外国人利用可の国境を越境すると、ビザなしだとベトナムに戻ってくることはできないのだ。

ノイバイのLCC搭乗ゲートに立つ白人女性が狂気じみた人だった

東南アジア各国には、節約しながら安宿などに沈没する不良外国人が多数いる。ようするに※**金にならない観光客**を追い出そうという考えなのだろう。ベトナムもそうなっているようだ。

そうしたこともあってか、ラオカイでは怪しい業者も出没している。彼らはガイドを自称して、ビザなしでも再入国できるように、パスポートにスタンプをもらわず越境させてやるなどと持ち掛けてくるのだ。

当然ながら、これは明らかな違法手段。密入国の斡旋である。仮にベトナム側の国境を越えられたとしても※**中国側で何があるかわからない**。中国からベトナムに戻ってこられる保証もない。ラオカイに限らず、ベトナムを拠点に他国を行き来するつもりなら、ビザはしっかり取

※金にならない観光客
タイも一時期はそういった人がたくさんいたが、ビザなしで滞在できる年間日数を制限したり、様々な施策を実行するなどして追い出しにかかっている。また、物価が高くなったので一部の不良外国人はカンボジアやベトナムなどのより物価が安い国に居を移している。

※中国側で何があるかわからない
どっちの国でなにがあっても両方とも社会主義国と考えると、いい結果が想像できない。

得しておいた方がいいだろう。

ベトナムのビザなし再入国制限は、２０１５年に始まったばかり。現状では国境で担当官が忠告してくれるため、出国してから「あ、帰れないじゃん！」といったトラブルは回避できている。しかし、そうした忠告が今後なされなくなるケースも十分想定されるので、くれぐれも注意していただきたい。

ちなみに、この30日間ルールは空路にも適用される。

空路の場合は、チェックインカウンターで30日間のブランクがあるか確認され、前回の渡航から1ヶ月経っていなければ**搭乗させてもらえない**※。ベトナム空港などを使ってベトナム経由で他国に行く場合、ストップオーバーあるいはトランジットで空港外に出ることもあるだろう。そんなときも1ヶ月以内のフライトなら空港外に出ることは許されない。ベトナムの空港は時間をつぶすようなスポットがほとんどない。空港内での長時間滞在はかなりツライ。その点は忘れないようにしよう。

ちなみに、**空港でアライバルビザを取得**※することは可能だ。ただし、招聘状がいるので、ベトナムに友人がいる、あるいは旅行代理店に発給してもらうなど事前準備が必要。そんな準備が必要だとわかっている人なら、そもそも30日ほど間を空けなければならないこともわかっているはずだが……。

※搭乗させてもらえない
東南アジア諸国のＬＣＣカウンターあるいは搭乗ゲートはビザなしでは入国できないと勘違いしている職員もいて、違ったポイントで揉めることもある。

※空港でアライバルビザを取得
ビザの発給を受けるには、ビザ印紙代が必要。２０１８年5月現在、1回限りの入出国が認められた1ヶ月のシングルビザが25ドル、期間内なら何度でも出入国可能な1ヶ月のマルチビザが50ドルになっている。

【ベトナム全土】
ベトナム航空は安くてオススメだが…

2017年5月にタイから日本に行く際、ボクは初めて**ベトナム航空**※を使った。

あまりお金をかけずに日本に行きたくて、格安航空会社を中心に探していたが、ベトナム航空の方が安いことに気がついたのだ。たとえばエアアジアは1・2万バーツ（約3・6万円）が平均値だったが、ベトナム航空は9000バーツ（約2・7万円）台。ハノイやホーチミン経由というのが迷いどころだが**25%も安い**※。

ということで押さえたのは、ベトナム航空のバンコク発～成田行きのチケット。午前9時頃にバンコクを出発し、ホーチミンを経由、翌朝6時発の便で成田に飛ぶというスケジュールだ。ホーチミンではかなり時間があるが、知り合いが待機しているので夜遊び対策はバッチリ。ボクはワクワクした気分でボーディングゲートで待っていた。

ベトナムから飛行機も到着し、いよいよフライトかと思いきや、ことはそう簡単にはいかなかった。

※**ベトナム航空**
前身のベトナム航空局から起算すると、1956年創業の国営航空会社。

※**25%も安い**
エアアジアは乗り換えの不要の直行便なのは魅力だったが、預け荷物に別料金をとられるのがマイナス点。ベトナム航空はタイ発だとエコノミーでも20キロまでは無料で預けることができるのも魅力だった。

フライト時間から30分が過ぎても動きがない。機長らもすべて降機していった。ディレイか？　ビジネスクラスはひっそりと呼ばれ、別の便に振り分けられていく。このときエコノミークラスでそのことに気がついているのはボクだけのようだった。

そのうち昼になってしまった。ここでようやくディレイが発表され、ランチチケットが配られた。チケットの額面は３００バーツ。これでは**ハンバーガーセットも買えない**※。

食事をとっていると、放送で別のボーディングゲートを指定されたのでそこへ向かった。もう飛行機が来ているのでは、と期待したが周辺のゲートは使用されていなかった。要するに我々は騒がれても大丈夫な場所に隔離されたのだ。

ベトナム航空からは正式なアナウンスがなく、いつどの機体で飛ぶのかすらわからない。乗り継ぎに失敗した客もいてぶちキレているが、肝心の航空会社のマネージャーは逃げ回っているのか、我々の前に姿を現さなかった。

そして14時過ぎ、ようやくマネージャーが現れて、オプションを提示した。

・19時のベトナム航空便でホーチミンに飛ぶ
・16時のベトナム航空便でハノイに飛び、20時の便でホーチミンに移動

どっちもひどい※。でもまあ、ボクなら19時かなあ。数人の白人客はもうこんなところには

※ハンバーガーセットも買えない
空港の中の飲食店は高いのはどこも同じだが、タイの場合はハンバーガーが市中の1・5倍はする。ほかの飲食店も軒並み高いので嫌になる。

※どっちもひどい
選択肢になっていないので、ここまでくるとすがすがしさを感じる。

いたくないと後者を選択した。それでも納得がいかない人たちは、職員を取り囲んで怒っている。※**韓国人や白人の乗客がとくにヒートアップしていた。**

混乱の待合所。殺気だった乗客から怒号が飛ぶ

ボクはホーチミンで待っている知人に遅れることを知らせ、のんびりと電子書籍を読んで過ごすことにした。定刻にホーチミンに着いたら待ち合わせまで仕事をするつもりだったので、こうしてゆっくりできたのはよかったといえばよかった。コーヒーでも飲みながら本を読もうかしら、と席を立つと女性職員が「どこに行くんですか?」と寄ってきた。19時のフライトでしょ。それまでコーヒーでも。

「いいえ、その時間の便は満席なので、ダメです。18時のタイ航空に振り分けられますので、※**どこにも行かないで**」

手際、悪っ! たまたま彼女がボクの姿を見たからよかったが、もし見ていなかったらボクだけ乗れなかったということか。というか、ほ

※**韓国人や白人の乗客がとくにヒートアップしていた**
彼らが怒っていたのは、乗り継ぎに完全失敗したためのようだった。ボクは翌朝だったので、さすがにそこまでは遅れないと思っていたから余裕があった。

※**どこにも行かないで**
じゃあそう言っておいてくれよ、という話だ。なにもアナウンスはなく、突然のことだった。

かに何人かここを動いた人がいるのをボクは見ている。どうするんだ。さすがにこれにはイラッときた。

結局ホーチミンにはタイ航空のオンボロの機材で飛び、21時頃に宿に着いた。本当なら遅くとも13時には宿にいたはずなのに。後で計算するとスワンナプーム国際空港の**滞在時間は10時間くらい**[※]になっていた。

●成田職員の余計なひと言でぶちキレてしまった

帰路にもまた、ひと悶着あった。

このディレイの影響で帰りのチケットがおかしくなっており、キャンセルが生じていたのだ。もっともキャンセルといってもチケット自体ではなく、あくまでもともと搭乗予定だった便のキャンセルで、別便で帰国することはできる。行きであんなトラブルがあったのでこうなることも**十分に予想できた**[※]。だから、ボクとしては特になんとも思っていなかったのだが、一応、理由くらいは聞く。どういった原因でそうなったんですかって。

そうしたらベトナム人か中国人らしき、成田空港のベトナム航空職員がこんなことを言ってきた。

「お客様、冷静にお願いします。大丈夫ですから」

いやいや、全然怒ってないよ。ただ理由を知りたいだけなんだって。そうしたらまた彼女、

※**滞在時間は10時間くらい**
ちなみに翌朝に乗ることになっていたハノイ～成田行きの便は当初の予定通り、朝6時頃に出発した。さすがに拠点の空港で飛べないということはないか。

※**十分に予想できた**
予想できてもできなくても、ボクは基本的にはできるだけ早くにチェックインをして、誰よりも早く搭乗ゲートに向かい、いち早く座席に座りたいタイプだ。行きは実質7時間くらいのディレイだったが、早くに空港に行くものだから、空港滞在時間が10時間になってしまったのだった。

「冷静にお願いします」などと言う。ええ、さすがに怒鳴りました。だって、怒ってないんだもん。勝手にボクを怒っている人風に扱うなよ。

帰りはハノイ経由だったが、**成田～ハノイ間の機材がとてもきれい**※で新しかった。それに比べて行きのホーチミン～成田の機材の酷さといったら……。いまどきシートにモニターがついていないタイプで、天井から小さなモニターが下りてきて、なぜかドラッグレースの特集を放送していた。誰が見るんだろうか。

ハノイ行きはちゃんとシートに画面がついていたし、モニターの画質もいい。ただ、中央の3列がすべて**チャンネルを変えられないトラブル**※が起こっていたけれど……。

ハノイ空港では3時間待ち。行きのディレイと比べたら快適だ。大阪発のベトナム航空でiＰａｄを失くした日本人女子がいたが、ちゃんと返ってきたようだ。奇跡のようなほっこりするエピソードだったが、そのあとに彼女は日本人のじいさんに捕まり、しばし戦争の話をされていた。一難去ってまた一難。バンコクには変なヤツがいるよなあ。

後日、ベトナム航空のバンコク～成田間があんなに安いのだから、ハノイ～バンコク間はもっと安いのではないかと思い調べてみた。しかし、日本行きとほとんど変わらない料金設定だ。どうやら「外国↓ベトナムのどこか↓また別の国」といったチケットの方が安くなるらしい。わからんなあ。ベトナム航空はベトナム本土以上にアメージングである。

※成田～ハノイ間の機材がとてもきれい
ハノイ～バンコク間の機材もきれいだった。ベトナム航空は基本、ハノイ経由を使うのがいいのかもしれない。

※チャンネルを変えられないトラブル
最初はその席だったが、幸いにも窓側3列で空いている席があったので移動させてもらって、ゆっくりと映画鑑賞できた。

【ベトナム全土】中距離の陸路移動なら寝台バスもある

ベトナム国内の中距離移動ならバスがいい。しかも、寝たまま移動できる寝台バスが興味深い。

ホーチミンからカントーに向かう際、「※**ミエンタイン・バスターミナル**」でチケットを買った。「※**Futa Bus**」あるいは「※**プオンチャン**」というオレンジ色の車体のバス会社が大きく、きれいであり、信頼できるそうで、迷わずにそこに行った。カントーへは1時間に2本ある。

どうチケットを取るのかわからないまま窓口に向かうと、こう言われた。

「シッティング？　スリーピング？」

その時点では寝台があることを知らなかったので、よくわからないことからシッティングはすなわち座席であることは間違いないだろうとそちらを選択した。確かにその推測に間違いはなかったが、そのタイミングでは寝台の方が早く出発。つまり、シートと寝台はおよそ30分おきに交互に出発するようだった。

※ミエンタイン・バスターミナル
ホーチミンに限らず、ベトナムでは行き先によって長距離バスのターミナルが異なる。ホーチミンではこのミエンタイン・バスターミナルはメコンデルタやホーチミンから見て西の方に行くバスが発着する。ホーチミンより北方面なら「ミエンドン・バスターミナル」。

そのときにそのシステムを知ったし、しかも座席と寝台の料金が変わらないことも知った。もちろんほかの路線では差があるかもしれない。しかし、このプオンチャン社のカントー行きは同じ料金だった。20ページのハノイ郊外の置屋海岸クアットラムのときも往路はミニバス、復路は寝台だったが同じ料金設定だったので、ベトナムは基本的に距離で料金が決まっているのだと推測する。

長距離路線だけでなく、チャータータイプの観光バスにも寝台がある

　寝台と座席が同じ料金なら、そんなのスリーピングがいいに決まっているじゃない？　ホーチミンからカントーまでは休憩込みで3時間程度。2012年のガイドブックには所要5時間とあるので、かなり時間が短縮されたようだ。長時間ではないにしても、寝転がって移動できるならそれに越したことはない。

　ただ、座席バスにもいいところはあった。まず、**誰も乗っていない**※。みんな、同じ料金なら寝台を選ぶようだ。たった4人で出発したの

※ Futa Bus
サービスがよく、外国人でも利用しやすいし、また大きな会社なので路線網が発達している長距離バス。オレンジ色でわかりやすい。

※プオンチャン
フオンチャンとも呼ぶ。右記のFuta Busのベトナム語名。要するに同じ会社。

プオンチャンのチケット売り場

※誰も乗っていない
これはカントー行きだったからかもしれない。

で、空いている席に座り放題だった。また、寝台バスも同じだが、ベトナムの**長距離バスはＷｉ－Ｆｉ完備**※なので、ネットスピードは遅いにしても時間を潰せて退屈しない。

プオンチャンはよほど巨大な企業なのか、途中の休憩所もすごかった。プオンチャン社直営の、体育館のように巨大な休憩所で、各地に向かう同社のバスだけが立ち寄る。土産物もたくさん売っていた。中でもボクが気に入ったのは**肉まん**※だ。ジャンボを遥かに超えた大きさで、しかも1・5万ドンと街中で見かける普通サイズの値段と同じ。ウズラの卵がまるまると入っていて、空腹には最高のおやつだった。

●初めての寝台長距離バス体験記

さて、カントーからの帰りには迷いなく寝台を選択した。しかも、カントーのバスターミナルに着いたときにはすでに出発の直前で、チケットブースで料金を支払った瞬間、

「ラン！」

と叫ばれた。『フォレスト・ガンプ』かとツッコミをバシッと入れたかったけど、乗り遅れたら1時間待ちなので、走る。それでよくある話だが、別にそんなに急がなくても、ほかの乗客はまだ揃っていないという。

寝台は座席が180度リクライニングができて寝台になるというものではなく、最初からほぼベッドになった状態の席が並ぶ。2段式になっていて、窓側に1列ずつ、中央に1列と

※**長距離バスはＷｉ－Ｆｉ完備**
100%ではない。クアットラムからの帰りにはなくて、退屈な道のりだった。ちなみにエアポートバスもＷｉ－Ｆｉがない車両もある。

※**肉まん**
とにかく巨大でボリューム満点。味も悪くないのでオススメだ。

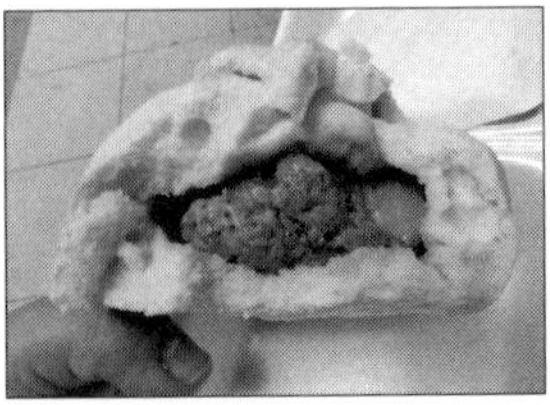

大迫力の肉まん

いう配置だ。ボクみたいに太っている、あるいは背が高い人は下の段をおすすめしたい。

スリーピング・バスは土足厳禁になっている。乗車口で靴を脱ぎ、袋をもらって靴を席まで持参する。これが案外にデメリットがあって、**まずめんどくさい**※。休憩所に着いたら結局また脱いだり履いたりしなければならない。

さらに、稀に足が臭い奴がいる。東南アジアは靴下を履く習慣があまりなく、今でも靴を素足で直履きする。サンダルならともかく、普通の靴だとベトナム人といえども蒸れる。そうなれば異臭を放つのは当然のこと。座席バスならわからないが、さすがに寝台で靴を脱がれるとたまったものではない。

あと、自分のカバンとその靴は足元に置くのだが、狭いのでかなり邪魔になる。サンダルなどの薄い履き物ならともかく、ちゃんとしたシューズだとなお邪魔くさい。

そういったデメリットはあるものの、やっぱり寝転がったままで移動できるのは楽ちんそのもの。しかし、万が一事故を起こされたときの怖さはある。

一応、座席にはシートベルトがあるが、自分は無事でも投げ出された他の乗客と激突するかもしれない。それに脱いだ靴を事故で横転したバスの中で履くことは難しい。ということは、ガラスなどが散らばった車内を裸足で？　とまあ、**色々考えると乗りたくなくなる**※が、寝っ転がっての移動には抗えない魅力がある。日本ではまず許されないだろう寝台バス、ベトナムに来た記念に、一度は挑戦してみてはいかが。

※**まずめんどくさい**
サンダルを用意してくれている路線もあるようだが、このときはそんな気の利いたサービスはなかった。

※**色々考えると乗りたくなくなる**
これを言い出したら東南アジアの無責任運転手たちが運転する公共の乗り物なんかなにひとつ乗れなくなるが。

【ベトナム全土】
タクシーを使うなら配車アプリで

バスを紹介したのだから、タクシーについても触れないわけにはいかないだろう。

これまで本書で何度も述べたが、ベトナムのタクシーはまともな料金で行かないというイメージがある。

そう思うのはボクだけではないらしく、一般的なベトナム人も同じように考えているようだ。よく日本語のガイドブックには、ベトナムのまともなタクシー会社は**「マイリンタクシー」**※、**「ビナサンタクシー」**、**「ビナタクシー」**の3社だけで、あとはボッタクリが基本のような書き方がされている。現地のベトナム人に聞くと、実際にはそのほかあと2社くらい優良会社があるそうだが、認識はおおむね同じだった。

とはいえ、タクシーは人間が運転するもの。安心だとされている会社でもボッタクリをする輩はいる。優良会社はあくまでボッタくられる確率が低いというだけだ。繁華街のタクシーはどんな会社でも悪質らしいし、逆に現地人しかいないような場所では逆にどんなタク

※「マイリンタクシー」「ビナサンタクシー」「ビナタクシー」
「マイリン」は緑色の車体、「ビナサン」は白をベースに緑と赤のラインが車体下部にある。「ビナタクシー」は黄色い車体。マイリンは目立つのでみつけやすい。ハノイやホーチミンだけでなく、全土を走っている。

シーに乗ってもボラれることは少ない。

とにかくだめなタクシーが多いので、そういうのは早々に降りるのが鉄則。しかし、そんなことを毎回毎回やっていたら疲れてしまう。

タクシー配車サービス「Grab」のジャンパーを着たバイタク運転手

そこでベトナムの大都市では基本的に配車アプリを使う。世界的に有名なところでは「**Uber**」※や「**Grab**」※になる。どちらかと言えば後者の方がベトナムではよく使われているだろうか。ハノイやホーチミンでは特にバイクタクシーが多く、「Ｇｒａｂ」のロゴをつけたジャンパーを着たり、ヘルメットを被っている人がたくさんいる。ダナンはあまり見かけなかったが、ちょうど滞在中に同社のジャンパーを着た集団が固まって走り回っていたので、宣伝をして拡散しているようではあった。

「Ｇｒａｂ」は専用アプリをスマホにダウンロードし、現在地と行き先を照会して迎えに来てもらうというものだ。支払いはカードでも現

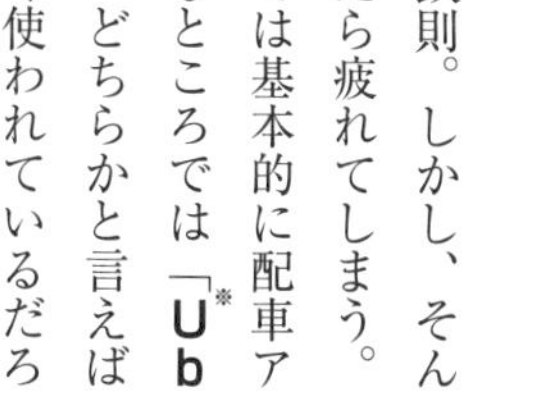
マイリンタクシー

※**Uber**
アメリカのウーバー・テクノロジーズが運営する配車アプリ。アメリカなどでは一般人が自家用車で参入することもできる。2018年5月現在、世界の600を超える地域で展開中。

※**Grab**
シンガポールに拠点を置く配車アプリ運営会社。マレーシアやフィリピン、タイ、ベトナムなど東南アジアで展開する。オートバイに特化した「GrabBike」も運営。

「Goi Taxi」もタクシー配車アプリのひとつ。意味はそのまま「タクシーを呼ぶ」

金でもいいのだが、とりあえず事前に料金が決まっているので、**ボラれる心配がないというのは大きい**※。

●タクシー会社を網羅したベトナムのアプリ

そんな環境にあるハノイで、在住日本人Hさんと会った際、帰り際に見せてもらったアプリがおもしろかった。ベトナムのアプリで、すべて（？）のタクシー会社のサービスセンターとボタンひとつで連絡できる便利なものだった。

ベトナム語ができなければ話にならない※が、アプリに表示される会社を選択し、ボタンを押すと通話が始まる。ユニークなのが、悪質と言われる会社も網羅していることだ。悪質な会社もコールセンターを通して配車してもらうため、あらかじめ目安の料金がわかる。ボッタクリの心配もなくなるのだ。

特に市街地から空港に行くときは便利だ。ハノイでは空港に行くタクシーは基本的に車体

※ボラれる心配がないというのは大きい
特にバイクタクシーだと交渉制になるため、土地勘や距離感がないと正当な料金で利用できない。こういったアプリはそういった観光客の不利益も解消できる。

※ベトナム語ができなければ話にならない
結局、これが最大の壁だったりするが。

や屋根に「エアポート」と書かれた車を選ばなければならない。しかも、メーターで行ってくれる車はほとんどない。宿で手配をすると**宿の手数料を含めて13〜15ドル**※だが、流しのエアポートタクシーだと言い値は20ドルを超える。確かに市街から45キロも離れているので高いのはわかる。しかし、本来は宿の手数料を差し引いて12ドル程度で行けるはずだ。

この辺りの交渉が面倒なので、ボクなんかはエアポートバスを使ってしまう。公共の86番バスなら3万ドン。ただ、朝や夜の空いている時間で40分、混んでいるときは1時間前後はかかるので、タクシーの方が速いのは確かだ。

ベトナム人はもう手を上げてタクシーを捕まえることはあまりせず、基本的にアプリで手配をする。これが今時のハノイのタクシーの乗り方のようだ。

ただし、このアプリにも欠点はある。手配後、利用者は運転手と直接会話をするのだが、彼らは東南アジアでよく使われる「わからない」は言わない。だから、迷ってピックアップ場所がわからなくなっても、「あと5分で着く」などと平気で言ってくる。10分後に催促の電話をしても、「あと5分」。これが30分以上も続いて、**ようやく車が到着するなんてこともあるそうだ**※。アプリで再度センターに繋ぎ、車が来ないから別の車を手配するように頼んでも、運転手に文句を言われるから対応してくれない。そうした点が使いづらいという。

待たされるのがいいか、その時間も考えてボラれた方がいいか。悩むところである。

※**宿の手数料を含めて13〜15ドル**
旧市街からの料金。ホーチミンの場合、ブイビエンから空港は宿を通すと16万ドンくらい。8ドルくらいと見る。距離感からするとホーチミンの方が割高な印象。

※**ようやく車が到着するなんてこともあるそうだ**
あるそうだもなにも、実演して見せてくれたH氏がボクの目の前で30分待たされていた。

【ベトナム全土】
ベトナムにおける道路の渡り方指南

ベトナム人は運転するとき、とにかくクラクションを多用する。自分自身の存在をアピールし、危険を互いに避けるための合図なワケだが、あまりにも使いすぎるため、もはや雑音にすらならない。我々も5分も街中を歩けば慣れてしまい、ちょっとやそっとクラクションを鳴らされただけでは振り向きもしなくなる。逆に危ないのではないかと思うわけで。

憶えておいてほしいのは、ベトナムの道路では直進するドライバーが注意する、という原則があることだ。

バイクでも車でも、ベトナムでは脇道から左右を一切確認せずに飛び出す。なぜなら直進する者が見ていることが前提にあるからだ。歩行者も当然、ドライバーが飛び出しを予測してくれているという大前提を持っている。

当然ハノイでもよく事故は起こっているが、これだけ運転マナーが悪いことを考えれば、むしろ※**事故の発生件数は奇跡的に少ない**と思う。

※事故の発生件数は奇跡的に少ない
２０１７年にベトナムの公安省が発表したところによると、前年の交通事故による死亡者数はベトナム全土で約９０００人。これはあくまで事故現場で死亡した数で、事故後30日以内に病院などで死亡したケースも含めると死者数は大きく増加すると見られる。ちなみに２０１７年の日本全国の交通事故の死亡者数は３６９４人だった。

ベトナムでは引かれた車線は関係ない。いや、それどころか信号すら守られない。ハノイでも交差点で信号が変われば、赤の方が止まり、青の方が動き出す。8割くらいのバイクや車がそれを守るが、一部のバイクは完全に信号を無視する。しかも恐る恐る突っ切るのではなく、青信号と同じスピードで交差点に突入していく。たぶんだが、赤信号になっている側が脇道扱いと考えると、直進する青側が注意しなければならない、ということなのかと思う。※**無視する側の心理として**。

ベトナムの路上の風景。広い道路をバイクや車がフリーダムに走っている

驚くべきは、青側の連中は特にそれに驚くわけでもなく、平然と受け入れている点だ。信号が変わるタイミングがドンピシャ合うと、交差点で双方が同じ速度で交差する。それも数台ずつが、だ。日本体育大学の名物に大勢の人がハイスピードで行進しながら交差する「※**集団行動**」というものがあるが、あのレベルのワザを日常生活で、訓練もせず、高速のバイクで市民

※**無視する側の心理として**
ボクにはまったく理解できない行動だ。東南アジアだとだだっ広い道路において、工事などが理由で車線が引かれていないことがある。そのときでさえどこを走ったらいいのか戸惑ってしまうくらいなのに、信号が見えていないかのように進むのは理解不能だ。

※**集団行動**
ネットで見ると、この演目ができるようになるまでに5ヶ月を要するらしい。仲間との息の合わせ方などいろいろあるのだろうが、ハノイの交差点では初対面の人たちが高度にそれをこなす。

がやってのけてしまう。

そんな危険極まりないベトナム交通事情だが、歩行者は慣れてしまうと案外楽である。

というのも、相手が交通ルールを守っていない以上、こちらも自由なわけであり、相手に徹底的に注意させることで安全に道路を渡ることができるからだ。

たとえ向こうから猛スピードで車が来ていても、注意すべきは我々歩行者ではなくあくまで**ドライバー**※。よほど無謀な横断をしなければ相手の方から避けてくれる。

とはいえ、日本人旅行者の中にはどうやってベトナムの道路を渡ったら良いのかわからないという人もいることだろう。

これから紹介するのは、ハノイに限らず、ダナンやホーチミンなど**ベトナム全土で使える**※**〝道路横断〟テクニック**だ。

このテクニックは特別な訓練をせずとも、ベトナムの街中で数時間過ごせば自然に身につく。信号をしっかり守っていたら、向こう10年くらい、その信号で立っていなければならなくなる。ベトナムの路上は、正直者が馬鹿を見る世界。自分のタイミングで渡らなければ、どこに行くこともできないのだ。

●まっすぐ進み、アイコンタクトをとるのが鉄則

では、具体的にどのようにして道を渡ればよいのか。

※ドライバー
ベトナムでは車よりもバイクの方がはるかに多い。より正確を期すならばドライバーではなく、ライダーである。

※ベトナム全土で使える〝道路横断〟テクニック
ここでご紹介するのは、ボクが経験と研究から導き出した〝高田流横断理論〟である。実践してはねられても一切責任は負えないので、ご了承いただきたい。

排気ガス対策でマスクをするライダーも多い。臆さずアイコンタクトを送ろう

テクニックといっても難しいことはない。

ポイントはたったの2つ。直線的に進むことと、アイコンタクトをとること。以上である。

まずは前者の方から説明しよう。ベトナムでは歩行者は道路を反対側に向かって直角に入り、直線的に渡るのが原則になっている。バイクや車のドライバーはその原則があるから、歩行者を見てどちらに避けるか瞬時に判断できる。これを角度をつけて変則的に渡ると、タイミングがズレてしまい、ぶつけられる可能性が出てくる。渡る際は※**一定の速度でまっすぐに歩くとよいだろう。**

アイコンタクトは彼らがちゃんと自分を見ているかを確認するために行う。

向こうがこちらを見ていないということは、彼には※**我々を避ける意志はなく**、今走っているルートをそのまま直進してくることを意味する。我々は相手の目を見て、どちらに避けるか、

※一定の速度でまっすぐに歩く
道路を横断する際は、急に立ち止まったり、走り出したりするなどのフェイント行為も厳禁。ドライバーの目を惑わすので危険である。

※彼には我々を避ける意志はなく
まったく気がついていないという可能性もある。

あるいはまっすぐに行くつもりなのかを瞬時に判断する必要があるのだ。

あとは道路を渡るタイミングだが、これは慣れるしかない。

ベトナムのドライバーにはちょっとした傾向があり、バイクは前を走るバイクにくっついて走る。その結果、車間距離が縮まり、路上にはバイクの集団がいくつも発生する。その集団の間、つまりひとつの集団が通り過ぎたら、次の集団がくるまでに歩を進めるとうまくいく。次の集団とアイコンタクトを取り、どちらが先に進むのかを交渉すればいいのだ。

文字にすると複雑だが、やってみると難しくない。集団が通り過ぎるそのギリギリに身体を寄せてどんどん進んでいくと、次のバイクの集団は歩行者を避けるしかなくなる。強気に渡れば、意外とあっさり安全に渡り切ることができるだろう。

しかし、近年になってこれらのテクニックだけでは対応できない天敵も登場している。電動バイクだ。**中国製の安いのが出回っている**※のだが、まったく音がしない。ほぼ真後ろ、あるいは真横に来るまでまったく気がつかないのでかなり危ない。これが結構出回っているようで、旧市街の中などを疾走する輩もいて、本当に危険極まりない。

厄介なのは、電動バイクはベトナムではバイクと認められていないらしく、規制もされていないことだ。自転車と同じ扱いなので運転免許証は不要で、万が一事故に遭っても保険があるかどうか、かなり怪しい。外国人旅行者にとって最も危険な乗り物は今、電動バイクなのだ。

※中国製の安いのが出回っている
中国は電動バイクの需要が高く、セグウェイのような2輪車から自転車、4輪車など様々なタイプが製造されており、それらの一部がベトナムにも輸出されている。見た目は自転車でも音もなくバイクと同じ速度で走る。

電動バイク

【北部　ハノイ】
ハノイの安宿ならここに泊まるべし!

旅は拠点をどこに構えるかで印象がまったく違ってくると思う。

初めてだと土地勘がなく、この辺りと目星をつけてみたものの、行ってみたらひどかったということはよくある話だ。

その点を踏まえて、ボクが思う※**ハノイのおすすめはやはり旧市街**だ。空港からのバス、飲食店、ショッピングスポット、安宿。すべてが揃う。

ただ、その旧市街でも旅のスタイルによっては向かないエリアもある。その代表はマーマイ通り周辺だ。マーマイ、ターヒエン、ルオンゴッククインの通りは深夜まで騒々しい。最近は週末になると深夜2時までバーが営業したりするので、よりうるさくなっている。閉店後も通りで白人の酔客たちが騒いだりするので面倒だ。

加えて、この辺りは料金と部屋の水準が見合っていないことがほとんど。中心街というだけで料金がつり上げられている。相場からすれば5~10ドルは高いと言っても過言ではない

ハノイのおすすめはやはり旧市街
日本大使館がある近辺などは在住者向けでやっぱり観光客には向かない。とにかく、ハノイなら旧市街一択である。

ハノイの旧市街。旅行者向けの店も多くにぎやかだ

だろう。

今一大繁華街になっているターヒエンとルオンゴックインの交差点にある宿を覗いたことがあるが、宿のレセプションの応対からして酷かった。部屋も狭く、部屋全体をベッドが占領しているような状況。建物が反響しているのか、部屋全体で外の喧騒を拾ってしまってうるさい。これで20ドルもするというので、愕然としてしまった。

マーマイ辺りで飲んで遊ぶことを中心に考えているのであれば、※**ハンチェウ通りの東河門周辺の宿の方が比較的いい**。中心に近いので20ドル前後するのは同じだが、エレベーター有、Wi-Fi有となんら問題はない。部屋も清潔だし、静かだ。

このハンチェウ通りを「ドンスアン市場」寄りに行ってしまうと、昼間はややうるさくなる。中心部に寄っていくので、料金も若干高めの印象がある。夕方くらいになるとバイクと

※**ハンチェウ通りの東河門周辺の宿の方が比較的いい**　近くには日本人常駐の旅行代理店もあって、ショートトリップも申し込みやすい。

車と通行人で大渋滞になるし、週末は※**ナイトバザール**が開かれるから、より混み合って落ち着かないというのもある。要するに中心部からずらして行くのがいい宿を選ぶコツになる。

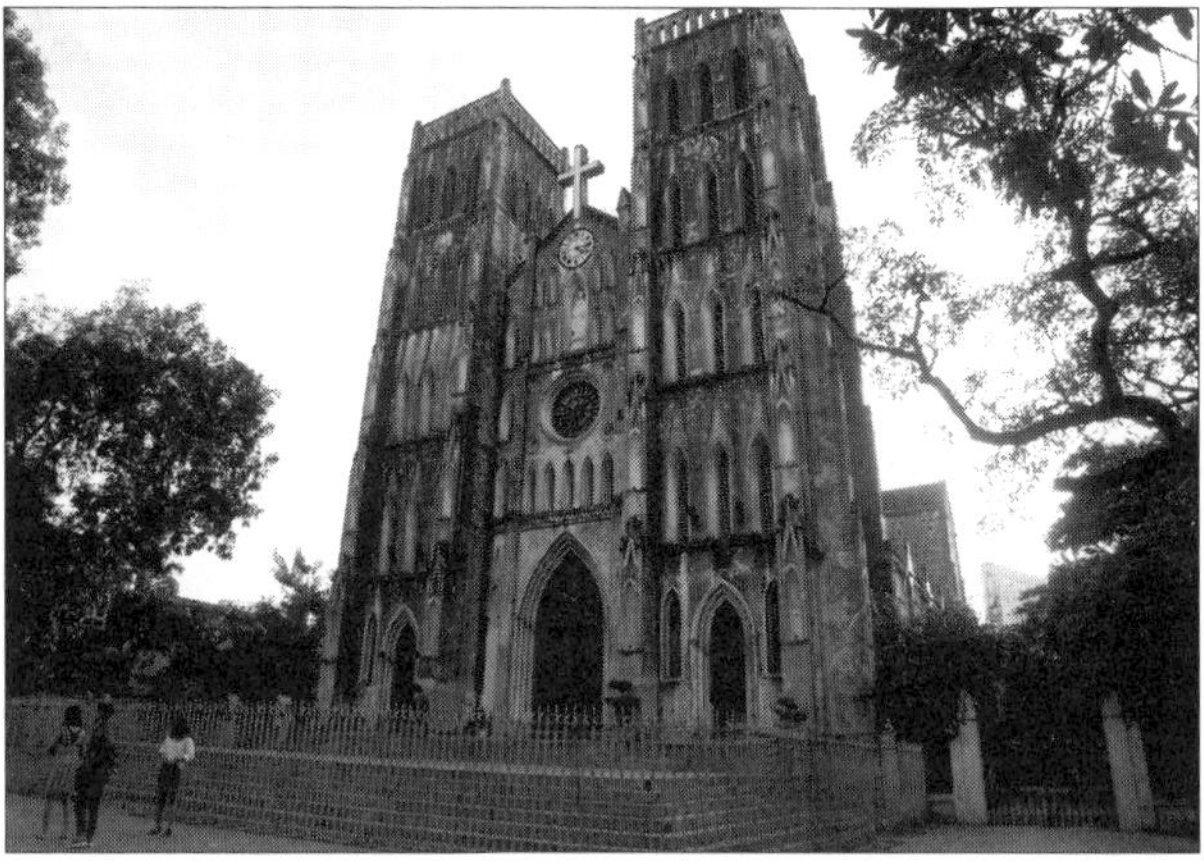

ハノイ大教会近辺はエアポートバスのアクセスもいいエリア

●大教会の近辺なら安くて便利だが……

コストパフォーマンスを重視するなら、断然「ハノイ大教会」近辺をおすすめする。ホアンキエム湖の西側、リークオックスー通りを中心にしたエリアで15ドル前後の宿ばかりになる。ただ、教会に近い場所はやめた方がいい。この教会は観光スポットでもあるが現役で、近くの路地は定期的に鐘が鳴り響いてうるさいのだ。夜中も鳴るし、特に朝5時はガンガン鳴らされて嫌でも目が覚めてしまう。特に上の階に行けば行くほどうるさいので、もう2本3本奥の路地のホテルを選んだ方がいい。

この教会に近い、フエンと呼ばれるンゴー（裏路地）は飲食店やバー、旅行代理店、レン

※**ナイトバザール**
週末になるとドンスアン市場からホアンキエム湖に向かって道路が封鎖され市場が立つ。2017年くらいからはその範囲が拡大され、夜の楽しみは増えたものの、道路事情は悪化。塞がれた分、ほかの道路が混んでしまうのだ。

旧市街の宿。5階泊だったがエレベーターなし

タルバイク店があって便利だが、宿泊先としてはあまり勧めない。2017年の半ばにはコンビニまでできて、ビールを買って路上で騒ぐ白人旅行者をよく見かけるようになった。この辺りの建物は古く、**エレベーターのない安宿も多い**※。そのくせ5階建てとか普通なので、上の階になると毎回階段で泣きが入ることになる。

●教会周辺でもここがピカイチ！

ボクが今、ハノイに行くたびに気に入って泊まるのは「**カメリア3ホテル**※」という宿だ。チャンカム通りにあり、ちょうど有名な牛肉フォーの店「**フォー10**※」角を入ってすぐそば。部屋に窓がないのが難だが、Ｗｉ‐Ｆｉはそこそこの速さで、エレベーターもあり、静かで清潔。これで14ドルくらい（シーズンによっては18ドルくらい）なので相場料金なのもいい。2回目で顔を憶えてくれ、英語も通じる。

※エレベーターのない安宿も多い
この言い方は正しくないかもしれない。エレベーターがある方が少ないと言ってもいいかと思う。

※カメリア3ホテル
【名称】Camllia 3 hotel
【住所】12C Chan Cam, Hang Trong, Hoan Kiem, Ha Noi
【ＨＰ】http://camelliahanoihotel.com/

※フォー10
151ページ参照。

ほかに泊まったことのある安宿だと大教会の通りの隣の道になるが、ハンチョン通りの**「ホアンキエムレイク・ホステル」**※もある。ここはエレベーターがないが朝食付きで15ドルだったかと思う。ボクはこういったホテルでは朝食を食べないので、なにがあるのかはわからないが。

朝食と言えば、少し離れたところには**「東屋ホテル」**※という日本式のホテルがあって、大浴場や日本式の朝食がある。1泊50ドル程度とちょっと高いが、出張者には特に人気だとか。ハノイだけでなくホーチミンなどでチェーン展開していて、日本人会社員は出張でハノイに行ったらここにみんな泊まるようだ。

ハノイの安宿は基本的には「アゴダ」などの予約サイトを通すことをおすすめしたい。99%の宿が直接行くよりも予約サイトの方が安い。直の場合、値引き交渉は可能だが足下を見てくるので、サイトで15ドルのところが20ドルは下回らないことが多い。だから、必ずサイト経由にすることだ。クレジットカードがなくても安い宿ならホテルに直接払うタイプもある。なにはともあれ予約サイトを使うことがベトナムの安宿確保の常識である。

※**ホアンキエムレイク・ホステル**
【店名】Hoan Kiem Lake Hotel
【住所】So 29, Hang Trong, Hoan Kiem, Ha Noi
【HP】http://hoankiemlakehotel.com/

※**東屋ホテル**
ハノイだけでなく、ホーチミンやダナンにもある。
【HP】http://azumayavietnam.com/

おわりに

ベトナムとの初めての出会いはある意味最悪だった。

本書でも何度か書いているが、ボク自身はもう15年以上もタイで暮らしている。今でこそライターとして仕事をしているが、2011年まではバンコクの日系専門商社で営業マンをしていた。そのときの出張で来たのがハノイだった。2010年12月半ばで、気温は10℃近く。ボクはバンコクの格好で飛行機に飛び乗りハノイに。要するに、極寒の地にワイシャツ1枚で乗り込んでしまった。

地獄の2泊はとにかく寒いという印象しかなかった。その後、取材だ旅行だと何度かハノイに来るうちにすっかりとベトナムに取り憑かれていった。

ベトナムの魅力はなんといってもその安さ。しかし、入国してしばらくはなかなか物価に慣れないものだ。特に通貨の数字が大きくてわけがわからなくなる。

ダナンの最後の夜。街を歩いていて、子牛の丸焼き店を発見した。ハノイでもホーチミンでも見かけたことがなく、喜々として席に着いた。その屋台は一切英語が通じないし、メニューに写真すらない。それでもグロテスクな解剖模型のようになった牛を指し、ビールもなんとか注文。中部では「ラルー」というビール銘柄が主流である。ローストビーフの香りがする肉を生春巻きの皮に包んで食べる。誰も知っている人がいない遠いベトナムの奥地で至福の瞬間。

しかし、会計でやっぱり冷静になってしまう。肉とビールで合計20万ドンほどだったのだが、肉が5万ドンくらいと決めつけていて、総計が倍でまず最初のショック。20万というゼロの多さにも衝撃が走る。ただ、よくよく冷静に考えてみると、20万ドンはすなわち960円程度である。安い。実に安い。

実は本書の執筆にあたり、ボクとしては捨てがたい体験を全部で120本分執筆した。もちろんこの本数の裏には泣く泣く切り捨てた話したい体験が倍以上ある。それらを厳選して56本に絞った。当然、ボクひとりでは到底辿り着けなかった情報もたくさんある。実際に話を聞かせてもらったり、情報を提供していただいたりと、たくさんの方にお世話になった。ただ、ベトナムという国柄もあり、実名を出してお礼をここで申し上げるのは危険なので、個別に連絡させていただくとして、協力していただいた方には本当に感謝しかない。実は本書の完成よりもベトナムのことをさらに知ることができたことがボクには嬉しい。ライター冥利に尽きるというものだ。

それからいつもお世話になっている彩図社・権田一馬さんには大量の原稿を読んでいただき、また的確なアドバイスもいただいた。権田さんから送られてくるデザインを最初に開くときの感動はいつも格別だ。

ベトナムは変化が少ない一方で、常に動いている国である。読者の方もぜひベトナムの地に向かい、そして改めて現地で本書を開いていただいて「そういうことか」と思っていただけたらと願う。

2018年5月吉日　バンコクの書斎にて　髙田胤臣

著者紹介

髙田胤臣（たかだ・たねおみ）

1977年生まれ。98年初タイ。タイ語学留学を経て、02年からタイ在住。ラオスにおけるベトナム戦争の不発弾問題を長期取材する中でベトナムも訪問していたらいつの間にかどこよりもベトナムが好きになってしまう。現在は年に4回ハノイに足を運び、ひたすら路上でビアホイを煽る。著書に『東南アジア 裏の歩き方』『タイ 裏の歩き方』『バンコク　裏の歩き方　2017-18年度版』（ともに彩図社）など。その他、タイや日本の雑誌、ウェブなどで執筆。Twitter（@NatureNENEAM）でときどきタイのことを中心に発言する。

ベトナム　裏の歩き方

平成30年6月20日　第1刷

著　者　髙田胤臣

発行人　山田有司

発行所　株式会社　彩図社
東京都豊島区南大塚3-24-4
MTビル　〒170-0005
TEL：03-5985-8213　FAX：03-5985-8224

印刷所　シナノ印刷株式会社

URL http://www.saiz.co.jp　Twitter https://twitter.com/saiz_sha

ISBN978-4-8013-0307-2 C0026